Diagnostik Affektiver

Kompendien Psychologische Diagnostik

herausgegeben von
Prof. Dr. Franz Petermann und Prof. Dr. Heinz Holling

Band 3

Diagnostik Affektiver Störungen

von
Prof. Dr. Martin Hautzinger
und Dr. Thomas D. Meyer

Hogrefe · Verlag für Psychologie
Göttingen · Bern · Toronto · Seattle

Diagnostik Affektiver Störungen

von

Martin Hautzinger
und
Thomas D. Meyer

Hogrefe · Verlag für Psychologie
Göttingen · Bern · Toronto · Seattle

Prof. Dr. Martin Hautzinger, geb. 1950. 1971-1976 Studium der Psychologie in Bochum und Berlin. 1980 Promotion. 1981-1983 Assistent Professor am Department of Psychology der University of Oregon, Eugene, USA. 1984-1989 Hochschulassistent für Klinische und Differentielle Psychologie an der Universität Konstanz. 1987 Habilitation. 1990-1996 Professor für Klinische Psychologie am Psychologischen Institut der Universität Mainz. Seit 1996 Ordinarius für Psychologie und Leiter der Abteilung Klinische und Physiologische Psychologie am Psychologischen Institut der Universität Tübingen.

Dr. Thomas D. Meyer, geb. 1968. 1987-1993 Studium der Psychologie in Mainz. 1996 Promotion. Seit 1997 Wissenschaftlicher Assistent an der Abteilung Klinische und Physiologische Psychologie am Psychologischen Institut der Universitiät Tübingen. Habilitation 2002.

Die Deutsche Bibliothek - CIP-Einheitsaufnahme

Ein Titeldatensatz für diese Publikation ist bei
Der Deutschen Bibliothek erhältlich.

© by Hogrefe-Verlag, Göttingen • Bern • Toronto • Seattle 2002
Rohnsweg 25, D-37085 Göttingen

http://www.hogrefe.de
Aktuelle Informationen • Weitere Titel zum Thema • Ergänzende Materialien

Das Werk einschließlich aller seiner Teile ist urheberrechtlich geschützt. Jede Verwertung außerhalb der engen Grenzen des Urheberrechtsgesetzes ist ohne Zustimmung des Verlages unzulässig und strafbar. Das gilt insbesondere für Vervielfältigungen, Übersetzungen, Mikroverfilmungen und die Einspeicherung und Verarbeitung in elektronischen Systemen.

Satz: MAC Satz, Göttingen-Rosdorf
Gesamtherstellung: Hubert & Co., Göttingen
Printed in Germany
Auf säurefreiem Papier gedruckt

ISBN 3-8017-1457-8

Vorwort der Herausgeber

Die Methoden der Psychologischen Diagnostik dienen der Erhebung und Aufbereitung von Informationen, um begründete Entscheidungen zu treffen. Heute bietet die Psychologische Diagnostik ein großes Spektrum an Erhebungsverfahren, das von systematischen Ansätzen zur Befragung und Beobachtung bis zum Einsatz psychometrischer Tests und physiologischer Methoden reicht. Immer schwieriger wird die gezielte Auswahl geeigneter Verfahren und die Kombination verschiedener Ansätze im Rahmen einer ökonomischen Diagnosestrategie.

Unsere neue Buchreihe möchte aktuelles Wissen über diagnostische Verfahren und Prozeduren zur Weiterentwicklung der Psychologischen Diagnostik zusammenstellen. Wir als Herausgeber der neuen Buchreihe erwarten, dass zukünftig die Kompetenzen der Psychologischen Diagnostik verstärkt nachgefragt werden. Es handelt sich hierbei um Basiskompetenzen psychologischen Handelns, denen in den letzten beiden Jahrzehnten im deutschen Sprachraum relativ wenig Aufmerksamkeit geschenkt wurde. Zukünftig sollten Problemanalysen und Problemlösungen vermehrt auf dieses gut fundierte Fachwissen der Psychologie zurückgreifen.

Die einzelnen Bände dieser Reihe konzentrieren sich jeweils auf spezifische psychologische Themengebiete wie zum Beispiel Depression oder Aufmerksamkeit. Durch diese Spezifikation können diagnostische Fragen im Rahmen der einzelnen Themen intensiver als in der Standardliteratur abgehandelt werden. Zudem kann eine engere Verbindung zwischen theoretischen Grundlagen und den diagnostischen Fragestellungen erfolgen.

Diese Reihe möchte dem Praktiker eine Orientierung und Vorgehensweisen vermitteln, um in der Praxis eine optimale Diagnosestrategie zu entwickeln. Kurzgefasste Übersichten über die aktuellen Trends, praxisnahe Verfahrensbeschreibungen und Fallbeispiele erleichtern auf verschiedenen Ebenen den Zugang zum Thema. Ziel der Reihe ist es somit, die diagnostische Kompetenz im Alltag zu erhöhen. Dies bedeutet vor allem
– diagnostische Entscheidungen zu verbessern,
– Interventionsplanungen besser zu begründen und
– in allen Phasen der Informationsgewinnung die Praxiskontrolle zu optimieren.

Unser Anspruch besteht darin, bestehende Routinen der Psychologischen Diagnostik kritisch zu durchleuchten, Bewährtes zu festigen und neue Wege der Diagnostik, zum Beispiel im Rahmen computerunterstützter Vorgehensweisen und neuerer testtheoretischer Ansätze, zu etablieren.

Mit unserer Buchreihe möchten wir in den nächsten Jahren schrittweise und systematisch verschiedene Anwendungsbereiche der Psychologischen Diagnostik bearbeiten. Pro Jahr sollen zwei bis drei Bände publiziert werden, wobei jeder Band zirka 120 Druckseiten haben soll. Folgende Bände sind in Vorbereitung:

Forensisch-psychologische Diagnostik
Intelligenzdiagnostik
Diagnostik Sozialer Kompetenzen
Motivationsdiagnostik

Die Reihe startete mit Fragestellungen der Klinischen Diagnostik und wird sich schrittweise auf andere Gebiete erweitern. Wir wünschen hierzu einen intensiven Austausch mit unseren Lesern.

Bremen und Münster, im Januar 2002 *Franz Petermann und Heinz Holling*

Inhaltsverzeichnis

1	**Affektive Störungen**	11
1.1	Allgemeine Probleme der Diagnostik affektiver Störungen	12
2	**Symptomatik affektiver Störungen**	15
2.1	Depressive Störungen	15
2.2	Manische Störungen	17
2.3	Definitionskriterien und kategoriale Diagnostik	17
2.3.1	Definition affektiver Episoden	19
2.3.2	Diagnostische Kategorien affektiver Störungen	22
2.3.2.1	Schweregrad (Depression)	25
2.3.2.2	Rezidivierende Störung	25
2.3.2.3	Somatisches Syndrom	25
2.3.2.4	Psychotische Symptome	25
2.3.2.5	Chronische affektive Störungen	26
2.3.2.6	Ergänzende Unterteilungen	26
3	**Differentialdiagnosen affektiver Störungen**	27
3.1	Körperliche oder substanzbedingte Verursachung	27
3.2	Bipolarer oder unipolarer Verlauf	27
3.3	Abgrenzung affektiver Störungen bei Erstmanifestation	30
3.4	Nicht näher bezeichnete affektive Störung	34
3.5	Trauer und Anpassungsstörung	34
3.6	Entscheidungshilfe	35
3.7	Komorbidität	35
3.8	Dimensionale Diagnostik affektiver Störungen	36
4	**Diagnostische Verfahren und Dokumentationshilfen**	39
4.1	Screening Verfahren und Früherkennung	39
4.1.1	Screening depressiver Symptome	40

4.1.1.1	Allgemeine Depressionsskala (ADS)	40
4.1.1.2	General Health Questionnaire (GHQ)	41
4.1.1.3	WHO-Index zum Wohlbefinden	42
4.1.1.4	Primary Care Evaluation of Mental Disorders (PRIME-MD)	43
4.1.2	Screening manischer Symptome	43
4.1.2.1	Mood Disorder Questionnaire (MDQ)	45
4.1.3	Schlussfolgerung und Empfehlung	45
4.2	Interviewverfahren und Checklisten zur Diagnosestellung	46
4.2.1	Strukturiertes Klinisches Interview (SKID)	47
4.2.2	Diagnostisches Expertensystem (DIA-X/CIDI)	50
4.2.3	Diagnose Checklisten	52
4.2.4	Schlussfolgerung und Empfehlung	53
4.3	Selbstbeurteilungen und Fragebögen	56
4.3.1	Depressive Symptome	56
4.3.1.1	Beck Depressions Inventar (BDI)	56
4.3.1.2	Allgemeine Depressionsskala (ADS)	59
4.3.1.3	Depressionsskala (D-S)	59
4.3.1.4	Self-Rating Depression Scale (SDS)	60
4.3.1.5	Weitere Selbstbeurteilungsinstrumente depressiver Symptome	60
4.3.2	Manische Symptome	61
4.3.2.1	Manie Selbstbeurteilungsskala (MSS)	62
4.3.2.2	Internal State Scale (ISS)	64
4.3.2.3	Allgemeine Depressions- und Manieskala (ADMS)	66
4.3.2.4	Weitere Selbstbeurteilungsinstrumente manischer Symptome	66
4.3.3	Schlussfolgerung und Empfehlung	67
4.4	Fremdbeurteilungsverfahren	67
4.4.1	Fremdbeurteilung depressiver Symptome	68
4.4.1.1	Hamilton Depressionsskala (HAMD)	68
4.4.1.2	Bech-Rafaelsen Melancholie Skala (BRMS)	71
4.4.1.3	Montgomery-Asberg Depressionsskala (MADRAS)	72
4.4.1.4	Inventar Depressiver Symptome (IDS)	72
4.4.2	Fremdbeurteilung manischer Symptome	74
4.4.2.1	Bech-Rafaelsen Manie Skala (BRMAS)	75
4.4.2.2	Young Mania Rating Skala (YMRS)	76
5	**Funktionale Diagnostik Affektiver Störungen**	**79**
5.1	Problemanalyse	79
5.2	Ziel- und Therapieplanung	83
5.3	Fallbeispiel	83

5.3.1	Funktionale Bedingungshypothesen	83
5.3.2	Zielklärung	85
5.3.3	Therapieplanung	86
6	**Ergänzende diagnostische Instrumente**	87
6.1	Erfassung dysfunktionaler Überzeugungen (DAS)	88
6.2	Depressiver Attributionsstil (ASQ)	89
6.3	Erfassung von Hoffnungslosigkeit (HS)	92
6.4	Erkennen von Suizidalität	94
7	**Depressionsinstrumente für spezielle Zielgruppen**	97
7.1	Geriatrische Depressionsskala (GDS)	98
7.2	Depressionstest für Kinder (DTK)	99
7.3	Depressionsinventar für Kinder und Jugendliche (DIKJ)	100
8	**Anwendungsbeispiel**	101
8.1	Fallbeispiel	101
8.2	Diagnostische Verfahren	103
8.3	Differentialdiagnostik	104
8.4	Therapieziele und Therapieplanung	105
8.5	Verlaufsdokumentation und Qualitätskontrolle	107
Literatur		109

1 Affektive Störungen

Affektive Störungen sind jene psychischen Erkrankungen, bei denen Beeinträchtigungen der Stimmung, der Gefühlswelt, des Antriebs und der Interessen wesentliche Kennzeichen sind. Insbesondere fasst man darunter *Depressionen und Manien*. Zählt man mildere Ausprägungen depressiver und maniformer Auffälligkeiten mit, dann sind diese affektiven Störungen vermutlich die häufigsten und in allen Lebensabschnitten vorkommenden psychischen Beeinträchtigungen. Da Traurigkeit, Verstimmung, Gereiztheit, gehobene Stimmung, Unruhe, Ängstlichkeit usw. zum normalen emotionalen Erleben eines Menschen gehören, ist die Abgrenzung quantitativ bzw. qualitativ verschiedener, Krankheitswert besitzender und eine Behandlung naheliegender Störungen eine zentrale diagnostische Aufgabe. Wann und wodurch die Grenze zwischen normalen Reaktionen und den als klinisch auffällig betrachteten Symptomen überschritten wird, gehört unverändert zu den ungelösten Fragen der Erforschung affektiver Störungen (Hautzinger, 1996).

Depressionen und Manien bzw. Hypomanien

Das hier zu Lande verbindliche Klassifikationssystem von Krankheiten ICD-10 der Weltgesundheitsorganisation, (1991) grenzt unter der Katego-

---

Beispiel 1:

Der 46-jährige Mann klagte über Sprachstörungen, Konzentrationsschwäche und Gedächtnisprobleme. Er habe häufig, vor allem in den letzten Monaten verstärkt, Kopfschmerzen, Sodbrennen, Schwitzen, Erschöpfung, Schmerzen im Brustbereich und Atemnot. Der Schlaf sei nicht erholsam, und er könne kaum mehr durchschlafen. Vor allem bei den nächtlichen Wanderungen durch die Wohnung mache er sich Sorgen wegen der Finanzen, seiner Berufstätigkeit und seiner Familie. Die älteste Tochter sei schüchtern und komme in der Schule auch leistungsmäßig schlecht zurecht. Er neige zu Pessimismus, Hoffnungslosigkeit und ihm kämen häufig die Tränen. Der Appetit sei jedoch ungestört, eher neige er dazu zu viel zu essen, gelegentlich auch zu trinken. Er halte sich am liebsten in der Wohnung auf, vermeide Kontakte zu Nachbarn. Während den letzten Monaten war er wiederholt wegen der unklaren, auch labormedizinisch bzw. organisch nicht begründbaren Beschwerden krankgeschrieben gewesen.

> **Beispiel 2:**
>
> Die selbständige Maklerin war wegen mehrerer Aufträge in den letzten Tagen sehr beschäftigt und engagiert gewesen. Sie hatte bis tief in die Nacht hinein gearbeitet (einmal sogar die Nacht durchgearbeitet) und war trotzdem morgens längst vor den anderen bereits wieder im Büro. Dann hatte sie schon versucht, Kunden vor 6 Uhr noch zu Hause zu erreichen, um eine neue Idee zu besprechen. Sie hatte Entwürfe über Entwürfe entwickelt, diese in mehrfacher Form und immer wieder verändert an die möglichen Kunden gemailt. Bei den Besprechungen mit den Kunden war sie sehr hektisch und aktiv. Irritierte Blicke und verwirrte Bemerkungen der Mitarbeiterin und der Kunden nahm sie nicht wahr. Die zahlreichen angefangenen Projekte blieben als unerledigte Vorhaben liegen. Nachfragen beantwortete sie zunehmend ungehalten, laut, ja sogar verbal aggressiv. Diese Ausbrüche hatten im letzten Monat dazu geführt, dass drei Kunden die Zusammenarbeit einstellten und verärgert die Geschäftsbeziehung aufgaben. Sie hatte sich für einen Wettbewerb und die Ausschreibung einer städtischen Geschäfteanlage interessiert und gleich mit dem zuständigen technischen Bürgermeister sowie den Sprechern der Stadtratsfraktionen telefoniert. Nun galt es, den Entwurf dafür zu erstellen und einzureichen. Darüber war sie mit der einzig verbliebenen Mitarbeiterin in einen heftigen Streit geraten, so dass diese fristlos kündigte und ging.

Affektive Störungen im ICD-10 unter F 3

rie F 3 im Kapitel V (psychische Störungen) folgende affektive Störungen voneinander ab: Manische Episode (F 30), Bipolare affektive Störung (F 31), Depressive Episode (F 32), rezidivierende depressive Störung (F 33) und anhaltende affektive Störung (F 34). Bei diesen Kategorien (mit Ausnahme der F 34) wird zusätzlich anhand der Schwere der Symptomatik und dem Vorhandensein bzw. dem Fehlen psychotischer oder somatischer Symptome differenziert. Ergänzt werden diese Hauptkategorien durch sonstige (gemischte) affektive Störungen (F 38), andere affektive Störungen (F 39) sowie durch Postpartum Depression (F 55.0), organische affektive Störung (F 06.3) und Anpassungsstörungen (F 43.2) als kurze depressive bzw. als länger dauernde depressive Reaktion. Die Diagnostik dieser Kategorien affektiver Störungen stehen im Mittelpunkt dieses Buches.

1.1 Allgemeine Probleme der Diagnostik affektiver Störungen

Es wird immer wieder in Zweifel gezogen, dass Menschen während einer Depression oder Manie in der Lage sind, angemessen Auskunft über ihre Lage, ihre Beschwerden und den Verlauf dieser Beeinträchtigungen geben zu können. Sie sind so gefangen in ihren depressiven bzw. manischen Verzerrungen, dass Selbstauskünfte wenig valide erscheinen. In der Tat findet sich oft die Beobachtung, dass manische bzw. depressive Patienten ihre offensichtlichen Beschwerden unterschätzen bzw. bagatellisieren. Es gibt jedoch auch die Erfahrung, dass die Symptomwahrnehmung Depressiver überhöht ist und dadurch von den Einschätzungen der Kliniker abweicht. Typischerweise zeigt sich dies in deutlichen Diskrepanzen zwischen den Selbstbeurteilungen der Patienten und den Fremdbeurteilungen der Kliniker oder Angehörigen. Bis heute existiert kein objektiver, völlig von der verbalen Mitteilung freier „Depressions- bzw. Manietest", so dass jede Psychodiagnostik affektiver Störungen gegenüber dieser Störquelle anfällig ist.

Es existiert kein objektiver Depressions- bzw. Manietest

Auf das Problem der Abgrenzung normaler Stimmungsschwankungen von klinisch relevanten affektiven Störungen wurde bereits hingewiesen. Insbesondere im Grenzbereich der noch subklinischen oder schon klinisch relevanten Problematik spielen individuelle Tendenzen zur Dissimulation, zur Sensitivität, zur Abwehr von Stigmatisierung, zum Wunsch nach Entlastung bzw. Behandlung, doch auch zur fehlenden Differenzierungsfähigkeit unterschiedlichster Beschwerden verzerrend in den diagnostischen Entscheidungsprozess hinein.

Kliniker tun sich aufgrund ihrer Fachausbildung und der daraus resultierenden bevorzugten theoretischen Orientierung oft schwer, von ätiologischen bzw. nosologischen Überlegungen bei der Diagnostik affektiver Störungen abzusehen. Zum Beispiel werden bipolare Störungen oft – vor allem bei Vorhandensein psychotischer Symptome – nicht richtig erkannt und als Schizophrenie oder schizoaffektive Störung (insbesondere bei jüngeren Patienten) diagnostiziert (z.B. Faedda et al., 1995; Geller & Luby, 1997; Gonzalez-Pinto et al., 1998). Akiskal und Puzantian (1979) beschreiben 14 mögliche Ursachen für die Fehldiagnose der bipolaren affektiven Störung als Schizophrenie. Hierzu zählen sie u.a., dass Denkstörungen nicht hinreichend von Ideenflucht unterschieden oder gemischte Episoden, in denen manische und depressive Symptome zeitgleich oder schnell alternierend vorhanden sind, nur unzureichend berücksichtigt werden.

Zahlreiche Ursachen für Fehldiagnosen

Ein weiteres grundlegendes Problem der Diagnostik affektiver Störungen ist das Fehlen eines oder weniger Leitsymptome, die zur eindeutigen Diagnose – sei es einer Manie oder einer Depression – verbindlich vorhanden sein müssen. Auffallend hingegen ist die große Vielfalt und Schwankungsbreite – ganz abgesehen von zirkadianen, saisonalen und sonstigen zyklischen Veränderungen – affektiver Symptomatik. Berücksichtigt man ferner die große Ähnlichkeit depressiver Symptome mit Symptomen bei Angststörungen (z.B. Generalisierte Ängste), Somatoformen Störungen, Essstörungen und bei Persönlichkeitsstörungen, oder dass schwere manische Episoden, die mit psychotischen Symptomen einhergehen, oft im Querschnitt nur schwer von schizophrenen Störungen unterschieden werden können,

Fehlen einer oder weniger Leitsymptome

oder dass hypomanische bzw. manische Symptome von dysphorisch-depressiven Stimmungen begleitet sein können, so zeigt dies, dass diagnostische Urteile nicht einfach und leicht gefällt werden dürfen und eines angemessenen Instrumentariums bedürfen.

2 Symptomatik affektiver Störungen

2.1 Depressive Störungen

Depressionen sind psychische Störungen, bei denen die Beeinträchtigung der Stimmung, Niedergeschlagenheit, Verlust der Freude, emotionale Leere, Antriebslosigkeit, Interessenverlust und zahlreiche körperliche Beschwerden wesentliche Merkmale sind.

Beschreibungen wie Traurigkeit, Niedergeschlagenheit, Verstimmung, Energielosigkeit, Antriebsminderung, Selbstzweifel, Wertlosigkeit, Hoffnungslosigkeit, Sinnlosigkeit, häufig begleitet von Ängstlichkeit und Unruhe, Energielosigkeit, Appetitstörungen, Gewichtsverlust, Libidoverlust, Schlafstörungen, Schmerzen, Konzentrationsprobleme und Suizidideen sind typische Beschwerden und Auffälligkeiten bei einer Depression.

Viele der genannten Gefühlszustände und Beschwerden sind, wenn sie eine bestimmte Dauer und/oder Intensität nicht überschreiten, normale, gesunde Reaktionen auf die Erfahrungen von z.B. Verlusten, Misserfolgen, Enttäuschungen, Belastungen, Zeiten der Einsamkeit oder der Erschöpfung.

Neben der umgangssprachlichen Anwendung des Begriffs „Depression" auf Verstimmtheitszustände im Bereich normalen Erlebens wird von Depressionen im Bereich psychischer Störungen (a) auf symptomatologischer Ebene, wenn es um Einzelsymptome wie z.B. Traurigkeit oder Niedergeschlagenheit geht, und (b) auf syndromaler Ebene als einem als zusammenhängend angenommenen Merkmalskomplex mit emotionalen, kognitiven, motorischen, motivationalen, physiologischen, endokrinologischen Komponenten gesprochen.

Depressive Syndrome sind durch eine Vielzahl heterogener Symptome gekennzeichnet. Charakteristisch ist, dass körperliche und psychische Symptome gemeinsam vorkommen. In der Tabelle 1 sind die wesentlichen Symptome einer Depression nach psychologischen Gesichtspunkten geordnet. Hilfreich ist die Unterscheidung in Symptome auf emotionaler, motivationaler, kognitiver, vegetativ-somatischer, motorisch-behavioraler und interaktioneller Ebene.

Depressionen zeigen Vielzahl heterogener Symptome

Tabelle 1
Symptomatologie depressiver Auffälligkeiten

Verhalten/ Motorik/ Erscheinungsbild	emotional	physiologisch-vegetativ	imaginativ-kognitiv	motivational
Körperhaltung: kraftlos, gebeugt, spannungsleer; Verlangsamung der Bewegungen; Agitiertheit, nervöse, zappelige Unruhe, Händereiben o. ä. *Gesichtsausdruck:* traurig, weinerlich, besorgt; herabgezogene Mundwinkel, vertiefte Falten, maskenhaft erstarrte, manchmal auch nervöse, wechselnd angespannte Mimik *Sprache:* leise, monoton, langsam allgemeine *Aktivitätsverminderung* bis zum Stupor, wenig Abwechslung, eingeschränkter Bewegungsradius, Probleme bei der praktischen Bewältigung alltäglicher Anforderungen	Gefühle von Niedergeschlagenheit, Hilflosigkeit, Trauer, Hoffnungslosigkeit, Verlust, Verlassenheit, Einsamkeit, innere Leere, Unzufriedenheit, Schuld, Feindseligkeit, Angst und Sorgen, Gefühl der Gefühllosigkeit und Distanz zur Umwelt	innere Unruhe, Erregung, Spannung, Reizbarkeit, Weinen, Ermüdung, Schwäche, Schlafstörungen, tageszeitliche und jahreszeitliche Schwankungen im Befinden, Wetterfühligkeit, Appetit- und Gewichtsverlust, Libidoverlust, allgemeine vegetative Beschwerden (u.a. Kopfdruck, Magenbeschwerden, Verdauungsbeschwerden); zu achten ist bei der Diagnose auf: Blutdruck, Blutzuckerspiegel, Kalziummangel, Eisenwerte, Serotonin/Adrenalin-Mangel bzw. -überschuss	negative Einstellung gegenüber sich selbst (als Person, den eigenen Fähigkeiten und dem eigenen Erscheinungsbild) und der Zukunft (z.B. imaginierte Vorstellung von Sackgasse, schwarzem Loch); Pessimismus, permanente Selbstkritik, Selbstunsicherheit, Hypochondrie, Einfallsarmut, mühsames Denken, Konzentrationsprobleme, zirkuläres Grübeln, Erwartung von Strafen oder Katastrophen, Wahnvorstellungen, z.B. Versündigungs-, Insuffizienz- und Verarmungsvorstellungen; rigides Anspruchsniveau, nihilistische Ideen der Ausweglosigkeit und Zwecklosigkeit des eigenen Lebens, Suizidideen	Misserfolgsorientierung, Rückzugs- bzw. Vermeidungshaltung, Flucht und Vermeidung von Verantwortung, Erleben von Nicht-Kontrolle und Hilflosigkeit, Interessenverlust, Verstärkerverlust, Antriebslosigkeit, Entschlussunfähigkeit, Gefühl des Überfordertseins, Rückzug bis zum Suizid oder Zunahme der Abhängigkeit von anderen

Da keines der in der Tabelle aufgeführten Symptome vorkommen muss, keines nur bei depressiven Erkrankungen vorkommt, und außerdem Patienten in unterschiedlicher Ausprägung ein unterschiedlich zusammengesetztes Muster von Symptomen haben können, erfordert das Erkennen depressiver Störungen eine sorgfältige Diagnostik.

2.2 Manische Störungen

Manien sind affektive Störungen, bei denen die Stimmung gehoben, expansiv oder gereizt ist. Dabei ist die Stimmungsveränderung situationsunangemessen und kann zwischen sorgloser Heiterkeit, Gereiztheit und heftiger Erregung, Reizbarkeit und sogar Aggressivität schwanken. Der Antrieb ist vermehrt, die Aktivität gesteigert und das Schlafbedürfnis deutlich reduziert.

Überaktivität, Gesprächigkeit, Ruhelosigkeit, Geselligkeit, Ablenkbarkeit, leichtsinniges Verhalten, überschießendes Temperament, Unkontrolliertheit, Unkonzentriertheit, Rededrang, Gedankenrasen, Taktlosigkeit, Zudringlichkeit, Größenideen, Selbstüberschätzung, ohne soziale Hemmungen und voll Energie zu sein, fehlendes Schlafbedürfnis, Rücksichtslosigkeit, Vernachlässigung der Nahrungsaufnahme, motorische Unruhe und grenzenloser Optimismus sind Auffälligkeiten einer Manie.

Neben dem umgangssprachlichen Gebrauch des Worts „Manie" bzw. „manisch" lassen sich beim manischen Syndrom (manische Episode) Auffälligkeiten auf affektiver, kognitiver, motivationaler, motorisch-interaktioneller und vegetativ-somatischer Ebene unterscheiden (siehe Tabelle 2). Die gleichen Symptome gelten auch für die Hypomanie, allerdings in schwächerer Ausprägung.

Manien zeigen auch eine Vielfalt heterogener Symptome

Auch bei dieser Auflistung manischer bzw. hypomanischer Symptome gilt, dass einzelne Beschwerden bei jedem vorkommen können, keines davon vorhanden sein muss, die Beschwerden oft wechseln und zudem in unterschiedlicher Stärke auftreten können. Bei ausschließlich reizbarer Stimmung wird oft die Möglichkeit einer Manie nicht bedacht.

2.3 Definitionskriterien und kategoriale Diagnostik

Zur Operationalisierung und Objektivierung der Diagnostik affektiver Störungen wurden daher in den letzten Jahren Kriterien zur Abgrenzung krankhafter Zustände vorgeschlagen. Gegenwärtig gültig bzw. weit verbreitet ist das amerikanische „Diagnostische and Statistische Manual psy-

Tabelle 2
Symptomatologie manischer Auffälligkeiten

Verhalten/ Motorik/ Erscheinungsbild, Interaktion	Emotional, affektiv	Physiologisch-vegetativ	Imaginativ-kognitiv	motivational
Körperhaltung: kraftvoll, aufrecht, gespannt, auf dem Sprung, unruhig, hektisch, zappelig, getrieben, kann nicht stillsitzen, herumlaufen, starke Gestik *Gesichtsausdruck:* lebendig, viel Mimik, übertrieben, aufdringlich *Sprache:* laut, drängend, deftig, beleidigend, unterbrechend *Aktivität:* gesteigert, wechselnd, unruhig, ruhelos, wenig zielgerichtet, überrollend, erdrückend, bedrängend, unterhaltsam, im Mittelpunkt, vermehrte Geldausgaben	Stimmung gehoben, expansiv, gereizt, enthemmt, lustig, überzogen, positiv, angstfrei, gesellig, sorglos, optimistisch	erregt, hektisch, unter Strom, ohne Ermüdung, angespannt, ohne (wenig) Schlafbedürfnis, wenig Schlaf, kaum Appetit, Gewichtsverlust, beschwerdefrei, gesteigerte Libido, sexuell überaktiv	positive Einstellung gegenüber sich selbst, den eigenen Fähigkeiten und der Zukunft, unbändiger Optimismus, Gedankenrasen, Gedankendrängen, Konzentrationsprobleme, schlechte Problemlösefähigkeit, Größenideen, wahnhafte Selbstüberschätzung, verantwortungslos, kann Risiken schlecht bzw. nicht einschätzen, grandiose Wahrnehmungsverzerrungen	voll Energie, Erfolgsorientiert, expansiv, konfrontativ, nicht vermeidend, übertriebenes Interesse, entschlussfreudig, unabhängig, egoistisch

chischer Störungen" (DSM-IV). Durch die Weltgesundheitsorganisation wurde die „Internationale Klassifikation von Krankheiten" überarbeitet, so dass nun die weltweit gültige 10. Revision (ICD-10) vorliegt und hier zu Lande das verbindliche kategoriale Diagnosesystem ist.

2.3.1 Definition affektiver Episoden

Beiden Klassifikationssystemen (ICD-10 und DSM-IV) gemeinsam ist die weitgehende Verpflichtung zur deskriptiven, auf wissenschaftlichen Evidenzen basierende, möglichst hoher Zuverlässigkeit verpflichteter Diagnostik. Depressionen und Manien werden heute durch eine gewisse Anzahl an gleichzeitig vorhandenen Symptomen, die über eine gewisse Zeit andauern müssen und nicht durch andere Erkrankungen bzw. Umstände erklärbar sind, definiert. Bevor anhand dieser Systeme die Diagnose einer affektiven Störung vergeben werden kann, ist es zunächst erforderlich, die beiden grundlegenden Merkmale affektiver Störungen, die depressive und die manische Episode zu definieren (siehe Tabelle 3 und 4).

Diagnostik anhand zählbarer Beschwerden über bestimmte Zeit

Tabelle 3:
Hypomanie und Manie

	ICD-10	ICD-10	DSM-IV	DSM-IV
Episode	Hypomanie	Manie	Hypomanie	Manie
Stimmung	Abgrenzbare Periode mit deutlich gehobener oder gereizter Stimmung	Abgrenzbare Periode mit deutlich expansiver oder gereizter Stimmung	Abgrenzbare Periode mit deutlich expansiver oder gereizter Stimmung	Abgrenzbare Periode mit deutlich expansiver oder gereizter Stimmung
Dauer	mind. 4 Tage*	mind. 1 Woche	mind. 4 Tage	mind. 1 Woche
Anzahl erforderl. Symptome	Mindestens 3 weitere Symptome*	Mindestens 3 weitere Symptome (reizbar: 4)*	Mindestens 3 weitere Symptome (reizbar: 4)	Mindestens 3 weitere Symptome (reizbar: 4)
Liste	gesteigerte Aktivität oder motorische Ruhelosigkeit	gesteigerte Aktivität oder motorische Ruhelosigkeit	gesteigerte Aktivität oder motorische Ruhelosigkeit	gesteigerte Aktivität oder motorische Ruhelosigkeit
	gesteigerte Gesprächigkeit	gesteigerte Gesprächigkeit	gesteigerte Gesprächigkeit	gesteigerte Gesprächigkeit
	Konzentrationsschwierigkeiten oder Ablenkbarkeit	Ablenkbarkeit oder andauernder Wechsel von Aktivitäten oder Plänen	Erhöhte Ablenkbarkeit	Erhöhte Ablenkbarkeit
		Ideenflucht oder subjektives Gefühl von Gedankenrasen	Ideenflucht oder subjektives Gefühl von Gedankenrasen	Ideenflucht oder subjektives Gefühl von Gedankenrasen

Fortsetzung von Tabelle 3

Episode	ICD-10 Hypomanie	ICD-10 Manie	DSM-IV Hypomanie	DSM-IV Manie
	vermindertes Schlafbedürfnis	vermindertes Schlafbedürfnis	vermindertes Schlafbedürfnis	vermindertes Schlafbedürfnis
			Übermäßige Beschäftigung mit angenehmen Aktivitäten, die mit hoher Wahrscheinlichkeit unangenehme Konsequenzen nach sich ziehen	Übermäßige Beschäftigung mit angenehmen Aktivitäten, die mit hoher Wahrscheinlichkeit unangenehme Konsequenzen nach sich ziehen
	gesteigerte Libido	gesteigerte Libido oder sexuelle Taktlosigkeit		
	übertriebene Einkäufe oder andere Arten von leichtsinnigem oder verantwortungslosem Verhalten	Tollkühnes oder leichtsinniges Verhalten, dessen Risiken nicht beachtet werden		
		überhöhte Selbsteinschätzung oder Größenideen	überhöhte Selbsteinschätzung oder Größenideen	überhöhte Selbsteinschätzung oder Größenideen
	gesteigerte Geselligkeit oder übermäßige Vertrautheit	Verlust sozialer Hemmungen, was zu unangemessenem Verhalten führen kann		
Art der psychosozialen Beeinträchtigung	Veränderung in der Lebensführung mit leichten Beeinträchtigungen	Veränderung in der Lebensführung mit schweren Beeinträchtigungen	Veränderung in der Lebensführung und Syptome für andere beobachtbar	Veränderung in der Lebensführung mit schweren Beeinträchtigungen
Ausschlusskriterien	keine Manie, keine bipolare affektive Störung, depressive Episode, Zyklothymie oder Anorexia nervosa	mit oder ohne psychotische Symptome, die jedoch keine schizophrenen Ich-Störungen oder akustische Halluzinationen wie z.B. kommentierende Stimmen	Keine deutlichen psychosozialen Beeinträchtigungen (→ Manie) oder psychotische Symptome	
	nicht substanzinduziert oder nicht durch einen allgemeinen medizinischen Krankheitsfaktor bzw. nicht organisch bedingt	nicht substanzinduziert oder nicht durch einen allgemeinen medizinischen Krankheitsfaktor bzw. nicht organisch bedingt	nicht substanzinduziert oder nicht durch einen allgemeinen medizinischen Krankheitsfaktor bzw. nicht organisch bedingt	nicht substanzinduziert oder nicht durch einen allgemeinen medizinischen Krankheitsfaktor bzw. nicht organisch bedingt

* Dieses Kriterium steht nur in den Forschungskriterien zum ICD-10.

Tabelle 4:
Depression

	ICD-10	DSM-IV
Episode	Depression	Depression
Stimmung	Fast täglich mindestens 2: – depressive Stimmung – Interessenverlust oder Verlust der Freude – verminderter Antrieb oder gesteigerte Ermüdbarkeit	Fast täglich mindestens 1: – depressive Stimmung – Interessenverlust oder Verlust der Freude
Dauer	mind. 2 Wochen	mind. 2 Wochen
Anzahl erforderl. Symptome	Mindestens 1 weiteres	Mindestens 4 weitere Symptome
Liste	Verlust des Selbstvertrauens oder des Selbstwertgefühls	–
	Unbegründete Selbstvorwürfe oder unangemessene Schuldgefühle	Gefühl von Wertlosigkeit oder unangemessene Schuldgefühle
	Wiederkehrende Gedanken an den Tod, Suizidgedanken bis hin zu suizidalem Verhalten	Wiederkehrende Gedanken an den Tod, Suizidgedanken bis hin zu suizidalem Verhalten
	Verminderte Denk-, Konzentrations- oder Entscheidungsfähigkeit	Verminderte Denk-, Konzentrations- oder Entscheidungsfähigkeit
	Psychomotorische Unruhe oder Verlangsamung (subjektiv oder objektiv) *	Psychomotorische Unruhe oder Verlangsamung (nicht nur subjektiv)
	Schlafstörungen	Schlafstörungen
	Appetitverlust oder gesteigerter Appetit (mit entsprechenden Gewichtsveränderungen)	Gewichtsverlust oder -zunahme oder verminderter bzw. gesteigerter Appetit
	(s.o.)	Müdigkeit oder Energieverlust
Art der psychosoz. Beeinträchtigung	Veränderung in der Lebensführung mit klinisch bedeutsamen Beeinträchtigungen	Veränderung in der Lebensführung mit klinisch bedeutsamen Beeinträchtigungen
Ausschlusskriterien	Falls psychotische Symptome, dann jedoch keine für Schizophrenie typische wie z.B. Ich-Störungen oder akustische Halluzinationen	Keine reine Trauerreaktion (d.h. länger als 2 Monate nach Todesfall persistierend)
	nicht substanzinduziert oder nicht durch einen allgemeinen medizinischen Krankheitsfaktor bzw. nicht organisch bedingt	nicht substanzinduziert oder nicht durch einen allgemeinen medizinischen Krankheitsfaktor bzw. nicht organisch bedingt

* Dieses Kriterium steht in den Forschungskriterien zum ICD-10 Kapitel V. In den Leitlinien hingegen stehen „negative und pessimistische Zukunftsperspektiven", die in den Leitlinien fehlen.

Tabelle 5:
Gemischte Episode

	ICD-10	DSM-IV
Episode	Gemischt	Gemischt
Stimmung	Mischung oder Wechsel von hypomanischen, manischen und deressiven Symptomen	Kriterien für Manie und Depression erfüllt
Dauer	mind. 2 Wochen	mind. 1 Woche
Art der psychosoz. Beeinträchtigung	– nicht explizit erwähnt –	Veränderung in der Lebensführung mit deutlichen Beeinträchtigungen
Ausschlusskriterien	– nicht explizit erwähnt –	nicht substanzinduziert oder nicht durch einen allgemeinen medizinischen Krankheitsfaktor bzw. nicht organisch bedingt

Verlaufsmerkmale und Schweregradurteile wichtig

2.3.2 Diagnostische Kategorien affektiver Störungen

Der Verlauf (uni- bzw. bipolar, einmalig bzw. rezidivierend oder chronisch), die Schwere (leicht, mittelgradig, schwer) und die besondere Ausprägung der Symptomatik (z.B. somatisch, psychotisch) werden zur Definition der diagnostischen Kategorien entsprechend ICD-10 bzw. DSM-IV (siehe Tabelle 6) herangezogen.

Tabelle 6:
Diagnostizierbare affektive Störungen

ICD-10	DSM-IV **
Manische Episode (F30)	**Manische Episode ***
– Hypomanie (F30.0)	**Hypomane Episode *** ODER Bipolar II Störung (296.89)
– Manie ohne psychotische Symptome (F30.1)	Bipolar I Störung, Einzelne Manische Episode ohne psychotische Symptome (296.0 x)
– Manie mit psychotischen Symptomen (F30.1)	Bipolar I Störung, Einzelne Manische Episode mit psychotischen Symptomen (296.04)
– sonstige manische Episoden (F30.8)	Bipolar I Störung, Einzelne Manische Episode mit psychotischen Symptomen (296.00)
– Nicht näher bezeichnete Episoden (F30.8)	

Fortsetzung von Tabelle 6

ICD-10	DSM-IV **
Bipolare affektive Störung (F31)	**Bipolar I Störung / Bipolar II Störung**
– gegenwärtig hypomanische Episode (F31.0)	Bipolar I Störung, Letzte Episode Hypoman (296.40)
– gegenwärtig manische Episode ohne psychotische Symptome (F31.1)	Bipolar I Störung, Letzte Episode Manisch ohne psychotische Merkmale (296.4 x)
– gegenwärtig manische Episode mit psychotischen Symptomen (F31.2)	Bipolar I Störung, Letzte Episode Manisch mit psychotischen Merkmalen (296.44)
– gegenwärtig mittelgradige oder leichte depressive Episode (F31.3)	Bipolar I Störung, Letzte Episode Depressiv (296.5 x) ODER Bipolar II Störung (296.89)
– gegenwärtig schwere depressive Episode ohne psychotische Symptome (F31.4)	Bipolar I Störung, Letzte Episode Depressiv (296.5 x) ODER Bipolar II Störung (296.89)
– gegenwärtig schwere depressive Episode mit psychotischen Symptomen (F31.5)	Bipolar I Störung, Letzte Episode Depressiv mit psychotischen Merkmalen (296.54) ODER Bipolar II Störung (296.89)
– gegenwärtig gemischte Episode (F31.6)	Bipolar I Störung, Letzte Episode Gemischt ohne psychotische Merkmale (296.6x)
– gegenwärtig remittiert (F31.7)	
– sonstige bipolare affektive Störungen (F31.8)	Bipolar II Störung (296.89) ODER Nicht näher bezeichnete bipolare Störung (296.80)
– nicht näher bezeichnete bipolare affektive Störungen (F31.9)	Bipolar I Störung, Letzte Episode Unspezifisch (296.7) ODER Nicht näher bezeichnete bipolare Störung (296.80)
Depressive Episode (F32)	**Major Depression Episode ***
– leichte depressive Episode (F32.0)	Minor Depression – Einzelne Episode [= Nicht näher bezeichnete depressive Störung (311)]
– mittelgradige depressive Episode (F32.1)	Major Depression – Einzelne Episode
– schwere depressive Episode ohne psychotische Symptome (F32.2)	Major Depression – Einzelne Episode
– schwere depressive Episode mit psychotischen Symptomen (F32.3)	Major Depression – Einzelne Episode mit psychotischen Merkmalen
– sonstige depressive Episode (F32.8)	Nicht näher bezeichnete depressive Störung (311)
– nicht näher bezeichnete depressive Episode (F32.8)	Nicht näher bezeichnete depressive Störung (311)

Fortsetzung von Tabelle 6

ICD-10	DSM-IV **
Rezidivierende Depressive Episode (F33)	Major Depression - Rezidivierend
– gegenwärtig leichte depressive Episode (F33.0)	Minor Depression - Rezidivierend [= Nicht näher bezeichnete depressive Störung (311)]
– gegenwärtig mittelgradige depressive Episode (F33.1)	Major Depression – Rezidivierend – leicht bis mittelschwer
– gegenwärtig schwere depressive Episode ohne psychotische Symptome (F33.2)	Major Depression – Rezidivierend – schwer ohne psychotische Symptome
– gegenwärtig schwere depressive Episode mit psychotischen Symptomen (F33.3)	Major Depression – Rezidivierend – schwer mit psychotischen Symptomen
– gegenwärtig remittiert (F33.4)	
– sonstige rezidivierende depressive Störungen (F33.5)	
– nicht näher bezeichnete rezidivierende depressive Störung (F33.6)	Nicht näher bezeichnete depressive Störung (311)
Anhaltende affektive Störungen (F34)	
– Zyklothmia (F34.0)	Zyklothyme Störung (301.44)
– Dysthymia (F34.1)	Dysthyme Störung (309.4)
– sonstige anhaltende affektive Störungen (F34.8)	Nicht näher bezeichnete depressive Störung (311): ODER Nicht näher bezeichnete bipolare Störung (311):
– nicht näher bezeichnete anhaltende affektive Störung (F34.9)	Nicht näher bezeichnete depressive Störung (311)
Sonstige affektive Störungen (F38)	Nicht näher bezeichnete depressive Störung (311):
– gemischte affektive Episode (F38.00)	**Gemischte Episode ***
– rezidivierende kurze depressive Störung (F38.10)	rezidivierende kurze depressive Störung [= Nicht näher bezeichnete depressive Störung (311)]
Nicht näher bezeichnete affektive Störung (F39)	Nicht näher bezeichnete depressive Störung (311)
– nicht im ICD-10 Kapitel V –	**Affektive Störung aufgrund eines medizinischen Krankheitsfaktors (293.83 = F06.3 x)**
– nicht im ICD-10 Kapitel V –	**Substanzinduzierte affektive Störung** (siehe 291: Alkohol; 292: Andere Substanzen)

* keine eigenständigen Diagnosen;
** Remissionsgrad im DSM-IV nur Zusatzkodierung an 5. Stelle.

2.3.2.1 Schweregrad (Depression)

Depressive Episoden gelten als „leicht", wenn 4 bis 5, als „mittelschwer", wenn 6 bis 7 und als „schwer", wenn 8 und mehr der in Tabelle 4 aufgelisteten depressiven Symptome gleichzeitig vorliegen.

2.3.2.2 Rezidivierende Störung

Findet sich neben der aktuellen depressiven Episode in der Anamnese wenigstens eine entweder leichte, mittelgradige oder schwere depressive Episode, dann wird eine rezidivierende depressive Episode (unterschiedlichen Schwergrads) diagnostiziert. Die frühere Erkrankung erfüllt die Kriterien einer depressiven Episode und zwischen der früheren und der jetzigen Episode liegen mindestens zwei Monate weitgehender Symptomfreiheit.

2.3.2.3 Somatisches Syndrom

Einige depressive Symptome haben eine spezielle klinische Bedeutung und werden im ICD-10 „somatisch" (im DSM-IV „melancholisch") genannt. Typische somatische Symptome sind: Interessenverlust, fehlende emotionale Reagibilität, Früherwachen, Morgentief, psychomotorische Hemmung, Agitiertheit, deutlicher Appetit- bzw. Gewichtsverlust, deutlicher Libidoverlust. Bei schweren depressiven Störungen ist eine separate Verschlüsselung der somatischen Symptome nicht erforderlich, da erwartet wird, dass bei diesem Schweregrad somatische Symptome obligatorisch sind.

2.3.2.4 Psychotische Symptome

Diese zusätzliche Beschreibung einer depressiven Episode bzw. einer bipolaren Störung erfordert das Vorliegen stimmungskongruenter wahnhafter Symptome. Diese haben im Rahmen einer Depression typischerweise den Inhalt von Schuld, Sünde, Verarmung, Strafe, selten von Verfolgtwerden. Bei Manien herrschen Inhalte der Wichtigkeit, der Einmaligkeit, der Größe, der Unverletzbarkeit, doch auch des Geliebtwerdens vor. Bei stimmungsinkongruenten psychotischen Symptomen bzw. bei zusätzlich formalen Denkstörungen ist die Diagnose einer schizoaffektiven oder einer schizophrenen Störung in Erwägung zu ziehen. Gemäß DSM-IV ist dabei die zeitliche Abfolge psychotischer und affektiver Symptome entscheidend. Wenn diese ausschließlich zeitgleich auftreten, würde man nach DSM-IV immer die Diagnose einer affektiven Störung mit psychotischen Merkmalen der einer schizoaffektiven Störung vorziehen.

2.3.2.5 Chronische affektive Störungen

Dysthymien sind lang anhaltende, chronische affektive Störungen, deren Symptomatik nicht die Kriterien einer depressiven Episode erfüllt. Die Abgrenzung zu rezidivierenden depressiven Störungen ergibt sich dadurch, dass dabei depressive Episoden vorliegen, abklingen und erneut auftreten (Rezidiv). Denkbar ist jedoch, dass es auf dem Hintergrund einer lang anhaltenden depressiven Störung (Dysthymie) gelegentlich zu depressiven Krisen kommt, während denen die Kriterien einer depressiven Episode erfüllt werden. Wenn die depressive Episode abklingt, dann kommt es selten zu einer vollständigen Remission, sondern zu einer Rückkehr auf das Ausgangsniveau, nämlich die Dysthymie (im DSM-IV wird dafür die Diagnose einer „Double Depression" vorgeschlagen). Zyklothymien sind lang anhaltende, abgeschwächte bipolare affektive Störungen, bei denen sich Phasen dysphorischer Beeinträchtigung mit Phasen euphorischer, hypomanischer Symptome abwechseln, ohne dass die Kriterien einer Bipolaren Störung, einer manischen oder schweren depressiven Episode jemals erfüllt wurden. Aufgrund der Stimmungslabilität wird hier oft zu schnell die Diagnose einer Borderline-Persönlichkeitsstörung gestellt.

2.3.2.6 Ergänzende Unterteilungen

Weitere Spezifizierungen depressiver Störungen ergeben sich durch das jahreszeitlich gebundene Auftreten affektiver Störungen („Winterdepression" bzw. „saisonal abhängige Depression") und durch das Auftreten einer Depression in engem zeitlichen Zusammenhang mit der Geburt eines Kindes („Postpartum Depression").

3 Differentialdiagnosen affektiver Störungen

Wie schon betont, ist das Vorliegen von Niedergeschlagenheit, Erschöpfung, Traurigkeit, Selbstzweifeln, Resignation und das Auftreten einzelner depressiver oder auch manischer Symptome nicht gleichbedeutend mit dem Vorliegen einer affektiven Störung. Es gibt zahlreiche Studien, die zeigen, dass bei körperlichen Erkrankungen, Somatisierungsstörungen, Substanzmissbrauch bzw. -abhängigkeit, endokrinen bzw. immunologischen Störungen, zerebralen Abbauprozessen sowie bei neurologischen Erkrankungen depressive und manische Symptome häufig sind, ohne dass man deshalb gleich von einer affektiven Störung ausgehen sollte. Auf der anderen Seite gibt es Schätzungen, dass 15 bis 20% (Helmchen, 2001; Wittchen et al., 2000; www.kompetenznetz-depression.de) der Patienten in einer Allgemeinarztpraxis an in der Regel nicht erkannten Depressionen leiden, entsprechend nicht bzw. falsch behandelt werden und so zur Chronifizierung der Störung beigetragen wird.

3.1 Körperliche oder substanzbedingte Verursachung

Für eine Differentialdiagnose einer affektiven Störung ist zunächst auszuschließen, dass die deutlich depressive bzw. expansiv-gehobene oder reizbare Stimmung durch eine körperliche Erkrankung (wie z.B. Schilddrüsenfunktionsstörung, bestimmte neuronale Noxen und Fehlfunktionen usw.) bedingt ist. Dies bedarf in jedem Fall einer gründlichen ärztlichen, apparativen und labormedizinischen Abklärung. Weiterhin ist die direkte Einwirkung von Medikamenten, Drogen und Alkohol zu klären, die ein depressives oder manisches Bild zur Folge haben können. Insbesondere mit fortschreitendem Alter bekommen selbst verordnete Medikamente (z.B. Antihypertensiva, Antiparkinsonpräparate) in diesem Zusammenhang diagnostische Bedeutung.

Körperliche Faktoren und Einfluss von Substanzen ausschließen

3.2 Bipolarer oder unipolarer Verlauf

Psychopathologisch ist in der weiteren diagnostischen Abklärung das Vorliegen einer bipolaren affektiven Störung bzw. einer Zyklothymie zu bestimmen bzw. auszuschließen. Dies erfordert die Berücksichtigung der Kriterien nach ICD-10 für eine depressive Episode und eine manische Episode (siehe Tabelle 3 und 4), eine Hypomanie bzw. eine Zyklothymie (siehe Tabelle 7). Liegt eine dieser Störungen vor, dann hat dies therapeutische Konsequenzen, da in der Regel eine unipolare Depression anders behandelt wird als eine Depression im Rahmen einer bipolar affektiven Störung. Dies betrifft insbesondere die pharmakologische Behandlung.

Tabelle 7:
Differentialdiagnosen bipolar affektiver Störungen

Manische Episode

Vorherrschend *gehobene, expansive oder gereizte Stimmung* in deutlich abnormem Ausmaß für die Betroffenen.

Kriterium A ist erfüllt, wenn die veränderte Stimmung auffällig ist und mindestens *1 Woche* andauert (es sei denn, eine Krankenhauseinweisung ist nötig).

Mindestens 3 Merkmale aus (1) bis (9) während A; 4 Merkmale, falls Stimmung nur gereizt. Die Symptomatik muss so ausgeprägt sein, daß sie schwere Beeinträchtigungen in der persönlichen Lebensführung bewirkt.

1. Gesteigerte *Aktivität* oder motorische *Ruhelosigkeit*
2. Gesteigerte *Gesprächigkeit* (Rededrang)
3. *Ideenflucht* oder subjektives Gefühl des *Gedankenjagens*
4. Verlust normaler *sozialer Hemmungen,* was zu einem unangemessenen Verhalten führt
5. Vermindertes *Schlafbedürfnis*
6. Überhöhte *Selbsteinschätzung* oder *Größenideen*
7. Ablenkbarkeit oder *ständig wechselnde* Aktivitäten oder Pläne
8. *Tollkühnes* oder *leichtsinniges* Verhalten, dessen Risiken der Betroffene nicht erkennt (z.B. Lokalrunden ausgeben, törichte Unternehmungen, rücksichtsloses Fahren)
9. Gesteigerte *sexuelle Energie* oder sexuelle Taktlosigkeiten

Hypomanie

Gehobene oder *gereizte* Stimmung in deutlich abnormen Ausmaß für den Betroffenen für mindestens 4 aufeinanderfolgende Tage.

Mindestens 3 Merkmale aus (1) bis (7)
Die unten aufgeführte hypomanische Symptomatik muss so ausgeprägt sein, dass sie gewisse Beeinträchtigungen in der persönlichen Lebensführung bewirkt.

1. Gesteigerte *Aktivität* oder motorische *Ruhelosigkeit*
2. Gesteigerte *Gesprächigkeit*
3. *Ablenkbarkeit* oder *Konzentrationsschwierigkeiten*
4. Vermindertes *Schlafbedürfnis*
5. Gesteigerte *sexuelle Energie*
6. Übertriebene *Geldausgaben* oder andere Arten von leichtsinnigem oder verantwortungslosem Verhalten
7. Gesteigerte *Geselligkeit* oder übermäßige Vertraulichkeit

Zyklothymia

Instabilität der Stimmung mit mehreren Perioden von sowohl Depression als auch Hypomanie, für einen Zeitraum von mindestens zwei Jahren, mit oder ohne Intervallen mit normaler Stimmung

1. Verminderte Energie oder Aktivität
2. Schlafstörung

Fortsetzung von Tabelle 7

> 3. Verlust des Selbstvertrauens oder Gefühl von Unzulänglichkeit
> 4. Konzentrationsschwierigkeiten
> 5. Sozialer Rückzug
> 6. Verlust von Interesse oder Freude an sexuellen und anderen angenehmen Aktivitäten
> 7. Verminderte Gesprächigkeit
> 8. Pessimismus bezüglich der Zukunft oder Grübeln über die Vergangenheit
>
> Mindestens drei Merkmale aus (1) bis (8).
>
> 1. Vermehrte Energie oder Aktivität
> 2. Vermindertes Schlafbedürfnis
> 3. Übersteigertes Selbstwertgefühl
> 4. Geschärftes oder ungewöhnliches kreatives Denken
> 5. Geselliger als sonst
> 6. Gesprächiger oder witziger als sonst
> 7. Gesteigertes Interesse und Sicheinlassen in sexuelle und andere angenehme Aktivität
> 8. Über-optimistisch oder Übertreibung früherer Erfolge
>
> Mindestens 3 Merkmale aus (1) bis (8)

Die unipolaren depressiven Störungen werden unterteilt in depressive Episoden, Dysthymien und Anpassungsstörungen (kurze bzw. längere depressive Reaktion). Bei den diagnostischen Kriterien nach ICD-10 wird deutlich, dass die möglichen Symptome dieser Störungen identisch sind. Diagnostische Unterschiede ergeben sich durch die Menge zeitgleich auftretender Beschwerden, die zeitliche Erstreckung dieser Symptome und durch den Zusammenhang depressiver Symptome mit einer psychosozialen Belastung (innerhalb von 6 Monaten nach besonderen Ereignissen bei der Anpassungsstörung).

Tabelle 8:
Differentialdiagnosen unipolar affektiver Störungen

Depressive Episode

> 1. Depressive Stimmung in einem für den Betroffenen deutlichen abnormen Ausmaß, die meiste Zeit des Tages, fast jeden Tag, weitgehend unbeeinflusst durch äußere Umstände und mindestens zwei Wochen anhaltend.
>
> Beziehen Sie alle Symptome auf den in (1) kodierten Zeitraum.
>
> 2. Verlust von Interesse oder Freude an Aktivitäten, die normalerweise angenehm sind
> 3. Verminderter Antrieb oder erhöhte Ermüdbarkeit
> 4. Verlust von Selbstvertrauen und Selbstwertgefühl
> 5. Unbegründete Selbstvorwürfe oder ausgeprägte und unangemessene Schuldgefühle
> 6. Wiederkehrende Gedanken an den Tod oder Suizid oder suizidales Verhalten
> 7. Klagen über oder Anzeichen für vermindertes Denk- oder Konzentrationsvermögen wie Unentschlossenheit oder Unschlüssigkeit
> 8. Änderung der psychomotorischen Aktivität mit Agitiertheit oder Hemmung (subjektiv oder objektiv)
> 9. Schlafstörungen jeder Art
> 10. Appetitverlust oder gesteigerter Appetit mit entsprechender Gewichtsveränderung
>
> Beurteilen Sie mit Hilfe der Symptome (1) bis (10): Sind die unten aufgeführten Kriterien einer leichten, mittelschweren oder schweren Episode erfüllt?

Fortsetzung von Tabelle 8

Leicht: Insgesamt mindestens 4 der Symptome (1) bis (19), darunter mindestens 2 der Symptome (1) bis (3)
Mittelschwer: Insgesamt mindestens 6 der Symptome (1) bis (10), darunter mindestens 2 der Symptome (1) bis (3)
Schwer: Insgesamt mindestens 8 der Symptome (1) bis (10), darunter alle 3 Symptome (1), (2) und (3)

Die depressive Episode dauert mindestens zwei Wochen an. Ausschluss: Hypomanie und Manie.

Falls eine depressive Episode oder eine rezidivierende depressive Störung vorliegt: Bestimmen Sie, ob die diagnostischen Kriterien für ein „somatisches Syndrom" erfüllt sind.

Somatisches Syndrom einer Depressiven Episode

1. Deutlicher Verlust von *Interesse* oder *Freude* an Aktivitäten, die normalerweise angenehm sind.
2. Mangelnde Fähigkeit, emotional auf Ereignisse oder Aktivitäten zu *reagieren*, auf die normalerweise eine emotionale Reaktion erfolgt
3. *Frühmorgendliches Erwachen* zwei Stunden oder mehr vor der gewohnten Zeit
4. *Morgentief* der Depression
5. Objektive Hinweise für ausgeprägte *psychomotorische Hemmung* oder *Agitiertheit* (von anderen bemerkt oder berichtet)
6. Deutlicher *Appetitverlust*
7. *Gewichtsverlust* (5% oder mehr im vergangenen Monat)
8. Deutlicher *Libidoverlust*

Mindestens 4 Merkmale aus (1) bis (8).

Dysthymia

Depressive Stimmung, anhaltend oder häufig wiederkehrend für einen Zeitraum von mindestens 2 Jahren.

1. Verminderte *Energie* oder *Aktivität*
2. *Schlafstörung*
3. Verlust des *Selbstvertrauens* oder Gefühl von Unzulänglichkeit
4. *Konzentrationsschwierigkeiten*
5. Häufiges *Weinen*
6. Verlust von *Interesse* oder *Freude* an sexuellen oder anderen angenehmen Aktivitäten
7. Gefühl von *Hoffnungslosigkeit* oder *Verzweiflung*
8. Erkennbares Unvermögen, mit *den Routine-Anforderungen* des täglichen Lebens fertigzuwerden
9. *Pessimismus* bezüglich der Zukunft oder *Grübeln* über die Vergangenheit
10. *Sozialer Rückzug*
11. Verminderte *Gesprächigkeit*

Mindestens 3 Merkmale aus (1) bis (11)

3.3 Abgrenzung affektiver Störungen bei Erstmanifestation

Ein Problem bei der Differentialdiagnostik affektiver Störungen in bipolar versus unipolar ist insbesondere dann gegeben, wenn es sich um die erste depressive Episode handelt. Es kann sich um eine einzelne Phase, um den Beginn einer rezidivierenden depressiven Störung oder um eine bipolare affektive Störung handeln. Als konservative Regel für die Diagnose einer definitiv „rezidivierenden unipolaren Depression", bei der das Risiko für ein Kippen in eine Hypomanie oder Manie weitgehend ausgeschlossen werden kann, gilt traditionell, dass mindestens drei Phasen einer Depression ohne zusätzliche hypomanische und manische Episoden auftraten (Perris, 1973). Da bipolare Störungen im Durchschnitt ein früheres Ersterkrankungsalter haben (z. B. Goodwin & Jamison, 1990), sollte man im Hinterkopf behalten, dass früh auftretende Depressionen eventuell der Beginn einer bipolaren Störung sein könnten und entsprechende Hinweise auf Schwankungen in der Stimmung und dem Aktivitätsniveau beobachten und ernst nehmen.

Diagnostische Schwierigkeiten bei Ersterkrankung

Immer wieder wird diskutiert, ob bipolare und unipolare Depressionen sich z. B. in ihrer Symptomatik, in ihrem Verlauf oder hinsichtlich ihrer Behandlungsresponse unterscheiden (z. B. Furukawa et al., 2000; Pini et al., 1997), bzw. ob es Indikatoren für eine Differenzierung zwischen Depressionen im Rahmen einer unipolaren oder bipolaren Störung gibt, die eine zuverlässige Unterscheidung erlauben könnten (z. B. Depue & Monroe, 1978; Goodwin & Jamison, 1990; Mitchell et al., 2001). Im Folgenden wird auf diejenigen Symptome eingegangen, bei denen am häufigsten Unterschiede erwartet bzw. gefunden werden:

a) Das Symptom „Psychomotorische Aktivität" bezieht sich auf spontane und bewusst herbeigeführte zielgerichtete motorische Tätigkeiten, wobei meistens zwischen „psychomotorischer Verlangsamung" und „Agitiertheit/Unruhe" unterschieden wird. Psychomotorische Verlangsamung (z. B. langsamere Sprache oder Bewegungen, weniger Blickkontakt) und Unruhe (z. B. Umherlaufen müssen, Nicht-still-sitzen-können) dürfen dabei nicht nur subjektiv erlebte Zustände sein, sondern müssen auch für Außenstehende beobachtbar sein. Es gibt wiederholt Berichte, dass im Rahmen bipolarer Depressionen häufiger psychomotorische Verlangsamung beobachtet wird, während bei unipolaren Depressionen eher die Unruhe im Vordergrund steht.

b) „Schlafstörungen" gehören zu den typischen Symptomen affektiver Störungen. Patienten mit einer Bipolar I-Störung berichteten während depressiver Episoden häufig ein vermehrtes Schlafbedürfnis und vermehrten Schlaf, während unipolar depressive Patienten eher über Schlafstörungen im engeren Sinne klagen wie z. B. Ein- oder Durchschlafstörungen sowie frühmorgendliches Erwachen.

c) Es scheint einen Trend dahingehend zu geben, dass bipolare Patienten in der Depression deutlich weniger über „körperliche Beschwerden" wie z. B. Kopfschmerzen klagen als unipolar depressive Patienten. Ähnliches scheint auch für Symptome wie Angst zu gelten. Am häufigsten wird hier aber auf Veränderungen von Appetit oder Gewicht hingewiesen.

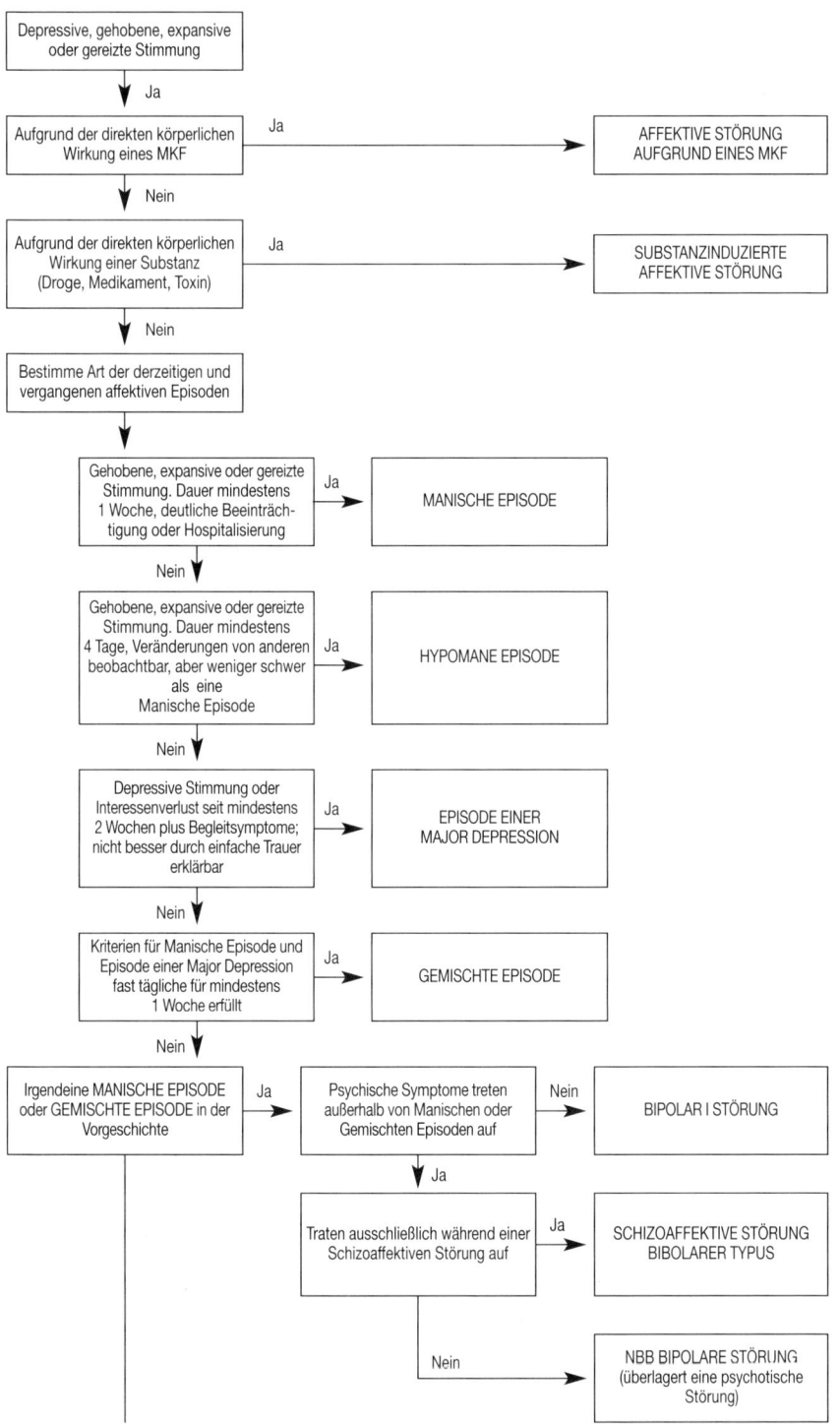

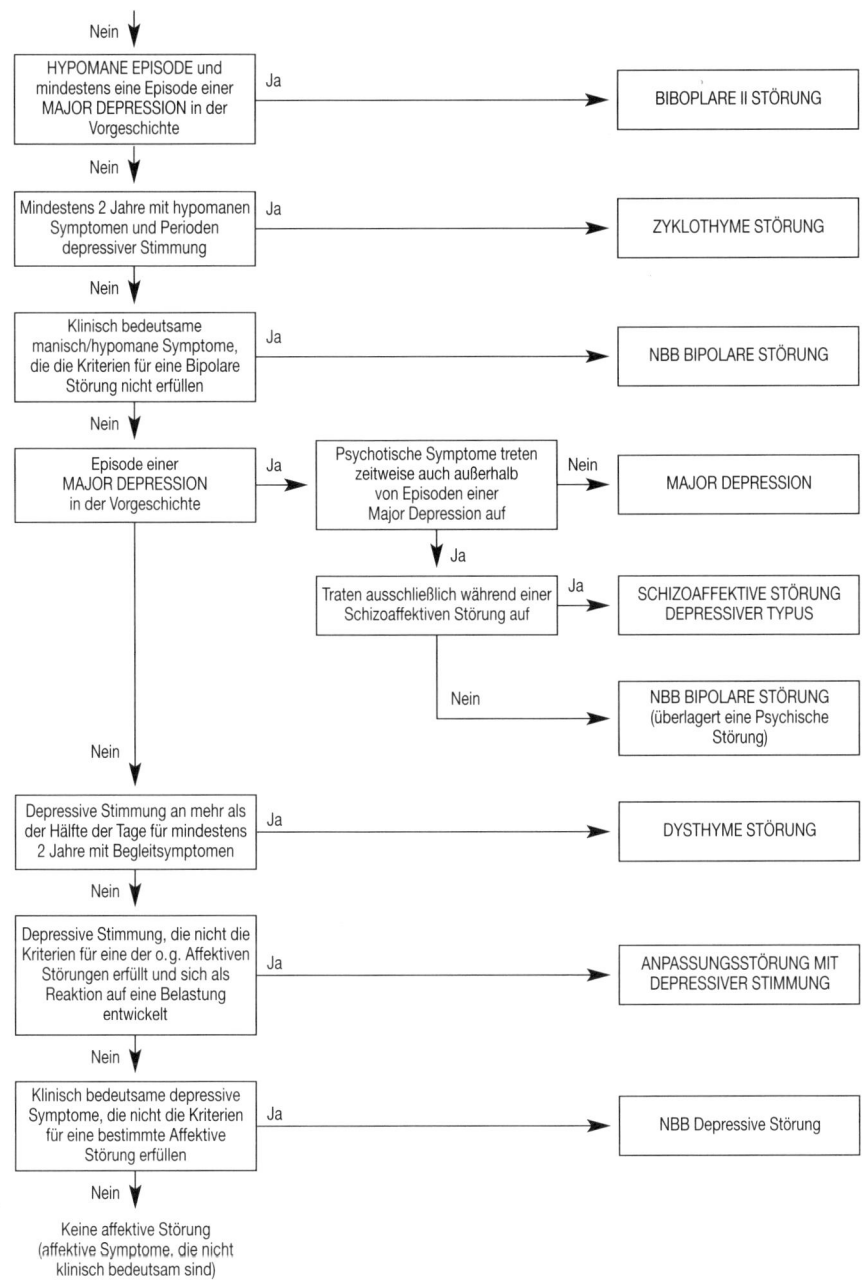

Abbildung 1:
Entscheidungsbaum zur Differentialdiagnostik affektiver Störungen
(nach DSM-IV)

Diese Ergebnisse basieren auf nur wenigen Studien. Eine neuere Studie zeigt, dass bipolare Depressionen häufiger durch melancholische und psychotische Symptome charakterisiert sind (Parker, Roy, Wilhelm, Mitchell & Hadzi-Pavlovic, 2000). Johnson und Kizer (2001) kommen aufgrund ihrer Literaturübersicht zu der Schlussfolgerung, dass die immer wieder berichteten Unterschiede in der Symptomatik oder im Verlauf unipolarer versus bipolarer Depressionen längst nicht so deutlich sind, wie es oft angenommen wird. Depressive Episoden treten im Rahmen bipolarer Erkrankungen aber häufiger auf und setzen abrupter ein als im Rahmen unipolarer Depressionen (Johnson & Kizer, 2001).

Bei diesen Ausführungen handelt es sich zwar um interessante Hinweise, aber die Diskriminationsfähigkeit dieser Befunde erlaubt es nicht, gesicherte Handlungsanweisungen bezüglich der Differentialdiagnose unipolarer versus bipolarer Verlauf bei Erstmanifestation einer Depression zu geben.

3.4 Nicht näher bezeichnete affektive Störung

Liegt eine deutliche depressive Symptomatik vor, ohne dass die zuvor genannten diagnostischen Kategorien zur Anwendung kommen bzw. passen, kann als Restkategorie schließlich noch eine „andere bzw. nicht näher bezeichnete affektive Störung" diagnostiziert werden. Es wird empfohlen, diese Kategorie nur als letzte Beurteilungsmöglichkeit zu verwenden.

3.5 Trauer und Anpassungsstörungen

Trauer gilt als normal und nicht als krankhafte Störung

Stehen depressive Symptome in engem Zusammenhang mit dem Tod einer nahestehenden, geliebten Person, dann gilt dies als sozial erwartete und normal angesehene „Trauer" und nicht als eine Störung mit Krankheitswert. Erst wenn die Trauerreaktion über mehrere Monate unverändert anhält oder so stark ist, dass Suizidalität oder psychotische Symptome auftreten, gilt dies als krankhaft.

Anpassungsstörungen (früher auch „reaktive Depression" genannt) sind Zustände subjektiven Leidens und affektiver Beeinträchtigung, die die sozialen Funktionen und die Leistungsfähigkeit behindern und während des Anpassungsprozesses nach einer einschneidenden Lebensveränderung, nach belastenden Lebensereignissen oder auch nach schweren körperlichen Krankheiten auftreten. Es ist dabei davon auszugehen, dass ohne die Belastung das Krankheitsbild nicht entstanden wäre. Die Symptome sind hetcrogen, umfassen aber meist leicht bis mittelschwere depressive Stimmung, Angst, Sorge, Überforderung, Ohnmacht. Es können auch kurzfristig dramatische Verhaltensäußerungen (z.B. auch Gewalt) vorkommen. Die Störung beginnt innerhalb eines Monats nach dem belastenden Ereignis bzw. der Lebensveränderung. Die Anpassungsstörungen können kurzfristig (max. 1 Monat) oder langfristig (bis max. 2 Jahre) andauern.

3.6 Entscheidungshilfe

Die Abbildung 1 fasst diese Differentialdiagnosen für affektive Störungen als Entscheidungsbaum nochmals zusammen. Differentialdiagnostisch wichtig ist insbesondere der Ausschluss einer durch körperliche Prozesse (MKF) provozierten bzw. durch Substanzen induzierten depressiven Störung. Ferner ist bei Vorliegen wahnhafter Symptome die Abgrenzung von schizophrenen bzw. schizoaffektiven Störungen wichtig. Es sollte jedoch bei diesen letztgenannten Kategorien immer an die Möglichkeit einer bipolaren affektiven Störung gedacht und gründlich untersucht werden.

3.7 Komorbidität

Depressionen können als Vorläufer von, parallel zu und/oder in Folge von allen psychischen Störungen auftreten und sind bei Vorliegen der entsprechenden Kriterien auch zusätzlich zu den anderen Störungen zu diagnostizieren (multiple Diagnosen, Komorbidität). Depressionen weisen eine besonders hohe Rate an Komorbidität auf. Überlappungen bzw. gleichzeitiges Vorkommen von Depressionen mit Angststörungen (Phobien, Sozialen Ängsten, Panikstörung, Generalisierter Angststörung), Zwängen, Posttraumatischen Belastungsstörungen, Essstörungen, Substanzmissbrauch, Substanzabhängigkeiten, Schlafstörungen, Sexuellen Störungen, Somatoformen Störungen, Psychophysiologischen Störungen, doch auch mit schizophrenen Störungen, hirnorganischen Störungen, zerebralem Abbau sowie verschiedenen Persönlichkeitsstörungen sind häufig (Weissman et al., 1988; Rohde et al., 1991). Bei Depressionen (depressive Episoden und Dysthymien) in der Allgemeinbevölkerung finden sich bei dreiviertel der Fälle zumindest eine weitere Diagnose. Die häufigsten sind Angststörungen (etwa die Hälfte), Substanzinduzierte Abhängigkeiten (etwa ein Drittel) sowie somatoforme Störungen (etwa ein Drittel) (Sartorius et al., 1996; Wittchen et al., 2001). Auch bei bipolaren Störungen ist die Komorbiditätsrate sehr hoch, z.B. Alkohol- und Substanzabusus (Goodwin & Jamison, 1990).

Hohe Komorbidität, mehrere Diagnosen typisch

Die Frage, ob bei diesen komorbid vorkommenden Störungen die Depression primär oder erst in der Folge der anderen Erkrankungen auftritt, ist in der Regel kaum zuverlässig zu beantworten. Befragt man Patienten retrospektiv, welche der Störungen zuerst da war, dann erhält man in der Mehrzahl (zwischen 60% und 80%) die Antwort, dass die Depressionen den anderen Schwierigkeiten und Störungen nachfolgten. Man könnte, wie es in der Forschung getan wird, in diesem Fall von einer sekundären affektiven Störung sprechen. Im umgekehrten Fall wäre es eine primäre affektive Störung. Gesichert ist jedoch, dass depressive Störungen andere psychische, körperliche und chronische Erkrankungen verkomplizieren, den Behandlungserfolg schmälern und den Krankheitsverlauf ungünstiger gestalten (Hautzinger, 1998).

3.8 Dimensionale Diagnostik affektiver Störungen

Die heute verbreiteten Diagnosesysteme (ICD-10, DSM-IV) sind kategoriale Systeme, die bei Vorliegen gewisser Symptome sowie einer bestimmten Anzahl von Symptomen über eine festgelegte Zeit und bei gleichzeitigem Ausschluss definierter Krankheiten eine Diagnose vergeben oder eben nicht (Ja/Nein-Entscheidung).

Die Abstufung über den Schwergrad stellt bei Vergabe einer Diagnose die Einführung einer Ordinalskala und damit einer gewissen dimensionalen Beurteilung der Symptomatik dar. Wie bei allen derartigen kategorialen Entscheidungen erhebt sich schnell die Frage, mit welchem Recht die Grenze bei z.B. fünf gleichzeitig vorhandenen Symptomen gezogen wird und nicht schon bei drei oder vier Symptomen, vor allem, wenn diese stark ausgeprägt sind. Oder ob verschiedene kurze, heftige, doch niemals das 2-Wochen-Kriterium erfüllende Episoden affektiver Störungen möglicherweise nicht viel beeinträchtigender sind als eine einzelne längere Episode im Laufe eines Jahres. Diese Fragen werden vor allem dann interessant, wenn man bedenkt, dass den sog. subsyndromalen Manien bzw. Depressionen (zu wenige Symptome bzw. zu kurze Zeitdauer) und vor allem den mehrfachen, doch kurzen Episoden ein erhöhtes Risiko für die Entwicklung des Vollbilds einer unipolaren bzw. bipolaren affektiven Störung zukommt (Angst, 1998; Lewinsohn, Solomon, Seeley & Zeiss, 2000; Maier, Gänsicke & Weiffenbach, 1997). In mehreren Längsschnittstudien an umfangreichen Stichproben konnten diese Autoren zeigen, dass eine wachsende Anzahl depressiver Symptome eng mit dem zunehmenden Ausmaß sozialer Beeinträchtigung, eingeschränkter Leistungsfähigkeit, vermehrtem Alkoholkonsum und der Erhöhung des Risikos für eine depressive Episode verbunden ist. Die Befunde zeigen, dass die klinische Bedeutung affektiver Symptome nicht allein von der Überschreitung der diagnostischen Grenzlinie der gängigen Diagnosesysteme abhängt. Ähnliches gilt auch für die Hypomanie bzw. Manie.

Affektive Störungen lassen sich am gültigsten als Kontinuum konzeptualisieren und erfordern sowohl eine kategoriale als auch eine dimensionale

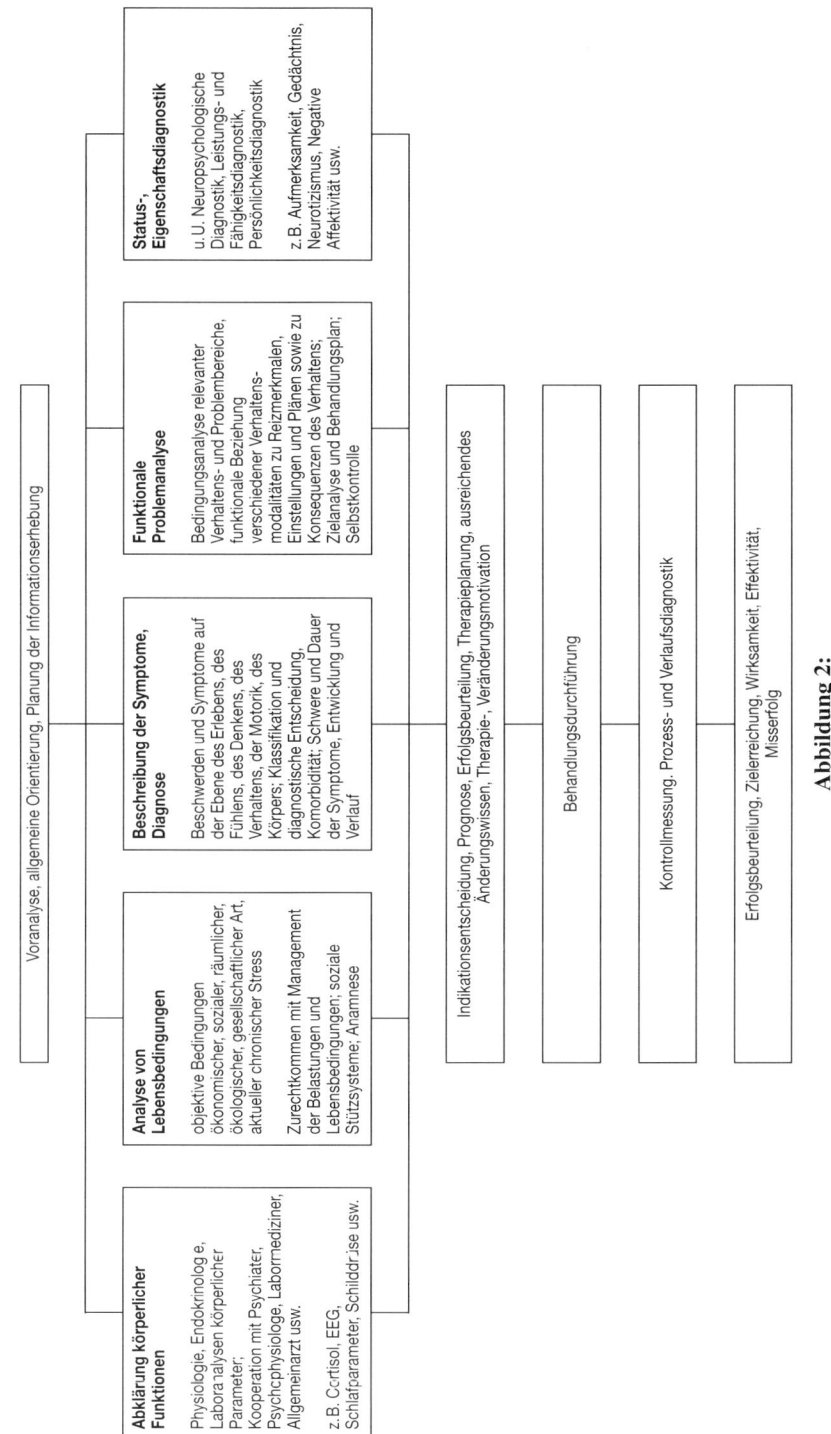

Abbildung 2:
Ablaufschema der Diagnostik Affektiver Störungen (nach Hautzinger, 2001)

Depression eher Kontinuum als diskrete Kategorie

und multimethodale Diagnostik (siehe Abbildung 2). In einer über 15 Jahre gehenden Längsschnittstudie an knapp 600 jungen Zürichern konnten Angst und Merikangas (2001) zeigen, dass „(1) Depressionen besser als Kontinuum und nicht als diskrete Kategorie aufgefasst werden sollten; (2) es eine direkte Beziehung zwischen der Anzahl depressiver Symptome, der Häufigkeit und der Dauer depressiver Episoden und Validitätsindikatoren einer Depression gibt; (3) in Ergänzung zu der Anzahl depressiver Symptome, es die Kombination von Häufigkeit und Dauer depressiver Symptome ist, wodurch die Validität der Klassifikation einer Depression erhöht wird" (S. 7). Die dimensionale Sichtweise und das Kontinuummodell der Depression wird auch durch neurophysiologische und genetische (Zwillings-)Studien eindrücklich unterstützt (Akiskal et al., 1997; Kendler & Garnder, 1998). Erste Befunde weisen darauf hin, dass es bei Hypomanien und Manien ähnlich sein könnte (z.B. Angst, 1998; Lewinsohn, Klein & Seeley, 1995).

4 Diagnostische Verfahren und Dokumentationshilfen

Zur Störungsdiagnostik, zur Beurteilung des Schweregrads der Störung, zur Dokumentation des Verlaufs bzw. der Veränderungen und zur Diagnostik assoziierter Merkmale stehen zahlreiche, reliable und objektive Messinstrumente wie strukturierte bzw. standardisierte Interviews, psychologische Tests, Fragebögen und Skalen, Selbst- und Fremdbeurteilungsbögen zur Verfügung. Daneben gibt es Schemata zur Problemanalyse, Zielskalierungen, Beobachtungsprotokolle und Materialien, die für therapeutische Zwecke entwickelt wurden, die sich jedoch auch als Dokumentationshilfen eignen. Die zahlreichen diagnostischen Verfahren für affektive Störungen lassen sich gruppieren in:
– Screeninginstrumente (Auswahl, Früherkennung)
– Interviews, Diagnosechecklisten (strukturierte Diagnosestellung)
– Fremdbeurteilungsinstrumente, Ratings (Schweregradbeurteilung, Effekte)
– Selbstbeurteilungsinstrumente, Fragebögen (Schweregradeinschätzung, Effekte)
– Problemanalyse, funktionale Diagnostik (therapiebezogene Diagnostik, Ziele)
– Ergänzende Verfahren (Suizidalität, Persönlichkeit, Kognitionen u. a.)
– Instrumente für spezielle Zielgruppen (Kinder, Ältere, chronisch Kranke u. a.).

Dabei muss dann noch unterschieden werden in Instrumente speziell für depressive Störungen und speziell für hypomanische bzw. manische Symptome.

4.1 Screeningverfahren und Früherkennung

Screeninginstrumente erlauben im vor-klinischen bzw. epidemiologischen Bereich solche Personen zu identifizieren, die möglicherweise an einer affektiven Störung erkrankt sind oder deren Risiko für die Entwicklung einer entsprechenden Störung erhöht ist. Entscheidend für diese Form der (Vor-)Diagnostik ist, dass die Verfahren einfach zu handhaben sind, schnell beantwortet werden können, wenig Abwehr (Verleugnung) bei den Befragten

Screening als Entscheidungs- und Früherkennungshilfe

hervorrufen und möglichst alle betroffenen Personen (keine falsch Negativen) damit erfasst werden. Screeninginstrumente sollten eine hohe Sensitivität aufweisen, d.h. lieber eine hohe Anzahl fälschlicherweise als positiv (im Sinne des interessierenden Kriteriums) charakterisierte Personen auswählen, als wirklich als positiv zu charakterisierende Personen zu verpassen (da diese fälschlicherweise als negativ bezeichnet wurden).

Ein ideales Screeninginstrument sollte folgenden Ansprüchen genügen (Attkison & Zich, 1990): (a) das Vorgehen sollte für die untersuchten Personen akzeptabel und tolerabel sein, (b) das Instrumente sollte hoch effizient sein, die tatsächlichen klinischen Fälle zu identifizieren, (c) es sollte ernsthafte psychische Störungen von weniger ernsthaften unterscheiden können, (d) Patienten dahingehend unterscheiden, für welche Behandlung sie besonders erfolgversprechend geeignet sind. Es ist höchst unwahrscheinlich, dass jemals ein kurzes Fremd- bzw. Selbstbeurteilungsinstrument diesen Kriterien genügen wird.

4.1.1 Screening depressiver Symptome

Depressive Beschwerden, die ohne erkennbaren Grund oder in unterschiedlichen Zusammenhängen auftreten können (z.B. im Verlauf körperlicher Erkrankungen, nach Verlusterlebnissen, bei der Pflege von Angehörigen etc.), werden oft nicht erkannt und in der Folge auch nicht angemessen behandelt. Aus diesem Grund ist es wichtig, gezielt spezifische Symptome zu erfragen, um sich frühzeitig ein Bild zu verschaffen.

Es sind verschiedene Methoden vorgeschlagen und in unterschiedlichem Umfang erprobt worden. Beispiele sind: die Allgemeine Depressionsskala (ADS, Hautzinger & Bailer, 1993), die Hospital Angst- und Depressionsskala (HADS, Herrmann, Buss & Snaith, 1995), das General Health Questionnaire (GHQ, Goldberg, 1978), das zweistufigen Verfahrens des PRIME-MD (Spitzer et al., 1994) oder zahlreiche Vorschläge mittels weniger – meist aus der klinischen Praxis heraus entstandener oder aus Fragebögen entnommener – Fragen, die Möglichkeit einer depressiven Störung einzugrenzen (z.B. Hautzinger, 1999).

4.1.1.1 Allgemeine Depressionsskala (ADS)

Die ADS (Itembeispiele, siehe Tabelle 9) ist ein Instrument, das es erlaubt, depressive Verstimmungen zu erfassen, ohne dass es sich dabei notwendigerweise um eine klinisch relevante Depression handeln muss. Bei Vorliegen einer Depressionsdiagnose kann damit die Schwere der Symptomatik erfasst werden. Bei Untersuchungen im nicht-klinischen Rahmen und zu Screeningzwecken sollte ab einem gewissen Wert die Möglichkeit des Vorliegens einer ernsthaften depressiven Störung in Erwägung gezogen werden. Als Normwert gilt, dass Werte größer 23 als „auffällig" gelten und die Diagnose einer Depression wahrscheinlich machen. Bei der Kurzform der ADS ist diese kritische Grenze bereits bei einem Wert von 17 Punkten erreicht. In der Allgemeinbevölkerung überschreiten etwa 17% diese Werte. Von den Patienten mit einer depressiven Störung sind es 94% (vgl. Hautzinger & Bailer, 1993; Meyer & Hautzinger, 2001). Je nach Fragestellung kann jedoch der als relevant angesehene Grenzwert auch tiefer angesetzt werden. Bezogen auf die Langform der ADS (20 Items) entspricht ein Wert von 12 bereits einem Prozentrang von 50 und ein Wert von 18 bereits einem Prozentrang von 75. Bei Überschreiten dieser Werte empfehlen wir eine weitergehende und genauere diagnostische Abklärung.

4.1.1.2 General Health Questionnaire (GHQ)

Das General Health Questionnaire (GHQ) (Goldberg & Hillier, 1979) ist für die Anwendung in epidemiologischen Studien sowie für Erhebungen in Praxen von Haus- und Allgemeinärzten ausgelegt. Es sollen mittels 12 Fragen (z.B. „Haben Sie in den letzten Wochen wegen Sorgen weniger geschlafen?" oder „Haben Sie in den letzten Wochen das Gefühl gehabt, für

Tabelle 9:
Itembeispiele aus der Allgemeinen Depressionsskala (ADS Langform) zum Screening depressiver Störungen bzw. zur Erfassung der Schwere einer depressiven Störung (Hautzinger & Bailer, 1993)

Bitte kreuzen Sie bei den folgenden Aussagen die Antwort an, die Ihrem Befinden während der letzten Woche am besten entspricht/entsprochen hat.

Antworten:
- 0 selten oder überhaupt nicht (weniger als 1 Tag)
- 1 manchmal (1 bis 2 Tage lang)
- 2 öfters (3 bis 4 Tage lang)
- 3 meistens, die ganze Zeit (5 bis 7 Tage lang)

Während der letzten Woche …	selten 0	manchmal 1	öfters 2	meistens 3
1 Haben mich Dinge beunruhigt, die mir sonst nichts ausmachen	☐	☐	☐	☐
2 Hatte ich kaum Appetit	☐	☐	☐	☐
3 Konnte ich meine trübsinnige Laune nicht loswerden, obwohl mich meine Freunde/Familie versuchten, aufzumuntern	☐	☐	☐	☐
4 Kam ich mir genauso gut vor wie andere	☐	☐	☐	☐
5 Hatte ich Mühe, mich zu konzentrieren	☐	☐	☐	☐
6 War ich deprimiert/ niedergeschlagen	☐	☐	☐	☐

etwas nützlich zu sein?" oder „Haben Sie sich in den letzten Wochen wertlos gefühlt?" usw.) Befindensstörungen, insbesondere depressive Beeinträchtigungen, erkannt und ggf. einer genaueren Diagnostik zugeführt werden. Die 12 Fragen werden von „nein, gar nicht" (0 Punkte) über „so wie üblich" (1 Punkt), „mehr als üblich" (2 Punkte) bis zu „viel mehr als üblich" (3 Punkte) beantwortet. Bereits ein Summenwert von 12 oder mehr Punkten sollte als auffällig interpretiert werden (Goldberg et al., 1998) und zu weiterführenden diagnostischen Maßnahmen führen.

4.1.1.3 WHO-Index zum Wohlbefinden

Einfacher Index von 5 Fragen zum Screening

Ein noch weiter verkürztes Screeningsinstrument ist der auf einer Vorlage der WHO von uns entwickelte „Index zum Wohlbefinden" (www.kompetenznetz-depression.de – siehe Tabelle 10). Wenn diese fünf Fragen so angekreuzt werden, dass die positiv formulierten Items eher verneint oder als

Tabelle 10:
Items des WHO-Index zum Wohlbefinden als Screeninginstrument.
(www.kompetenznetz-depression.de)

Anleitung:
Bitte geben Sie bei jeder Aussage an, welche der Antwortmöglichkeiten am besten beschreibt, wie Sie sich in den letzten beiden Wochen gefühlt haben.

Beispiel:
Wenn sie in den letzten beiden Wochen mehr als die Hälfte der Zeit guter Laune waren, kreuzen Sie bitte in der ersten Reihe die dritte Antwortrubrik an.

In den letzten beiden Wochen...	Die ganze Zeit	Meistens	über die Hälfte der Zeit	weniger als die Hälfte der Zeit	ab und zu	zu keinem Zeitpunkt
1. Ich war froh und guter Laune	5	4	3	2	1	0
2. Ich habe mich ruhig und entspannt gefühlt	5	4	3	2	1	0
3. Ich habe mich aktiv und voller Energie gefühlt	5	4	3	2	1	0
4. Beim Aufwachen habe ich mich frisch und ausgeruht gefühlt	5	4	3	2	1	0
5. Mein Alltag war voller Dinge, die mich interessieren	5	4	3	2	1	0

Ein Summenwert unter 14 Punkten (0–13 Punkte) sollte als auffällig gelten. Die Punktwerte jeder Antwortrubrik sind hier der Einfachheit wegen direkt angegeben.

kaum zutreffend beantwortet werden und resultiert daraus ein Summenwert zwischen 0 und 13 Punkten, dann ist die Wahrscheinlichkeit hoch, dass eine depressive Störung vorliegt.

4.1.1.4 Primary Care Evaluation of Mental Disorders (PRIME-MD)

Das PRIME-MD (Spitzer et al., 1994) ist ein zweistufiges Verfahren, das erlaubt fünf Hauptgruppen von psychischen Störungen, nämlich Somatoforme Störungen, Essstörungen, Affektive Störungen, Angststörungen, Alkoholbezogene Störungen, zu erkennen. Dazu wird den Patienten zunächst ein aus 25 Fragen bestehender Fragebogen vorgelegt. Auf den Bereich der Affektiven Störungen beziehen sich lediglich zwei Fragen zur Depressivität (z.B. „Haben Sie sich während des letzten Monats häufig niedergeschlagen, traurig oder hoffnungslos gefühlt?"). Bereits die Bejahung einer dieser beiden Fragen führt dann dazu, dass der Kliniker in einem Interview weitere Fragen (insgesamt 17) zu diesem affektiven Bereich stellt, um zu entscheiden, ob eine der möglichen Diagnosen Affektiver Störungen zutrifft. Im Rahmen der hausärztlichen Versorgung hat sich das PRIME-MD bewährt (Lörch et al., 2000) und stellt nach entsprechendem Training je nach Fokus eine praktikable Alternative zu strukturierten bzw. standardisierten Interviews (siehe Abschnitt 4.2) dar.

4.1.2 Screening manischer Symptome

Für den Bereich bipolarer bzw. manischer Störungen fehlen validierte Selbstbeurteilungsinstrumente. Die vorliegenden Skalen erfassen eigentlich nur die Schwere einer bereits bestehenden und diagnostizierten bipolaren Störung. Dies hängt damit zusammen, dass manche Symptome (z.B.

Tabelle 11:
Manierelevante Items der ADMS (Meyer & Hautzinger, 2001) zum Screening bipolar affektiver Auffälligkeiten (Die Fragen werden auf einer vierstufigen Skala von „selten" bis „meistens" beantwortet).

```
Während der letzten Woche...
  ... war ich ungewöhnlich glücklich, erregt oder überdreht
  ... rasten meine Gedanken
  ... war ich sehr reizbar
  ... war ich extrem aktiv und mit vielen Dingen beschäftigt
  ... war ich sehr leicht ablenkbar und verlor ständig den Faden
  ... brauchte ich kaum Schlaf und hatte kein Schlafbedürfnis
  ... redete ich deutlich mehr oder schneller
  ... glaubte ich, ganz besondere Fähigkeiten/Kräfte zu haben
  ... konnte ich nicht still sitzen und fühlte mich getrieben
```

in der MSS von Krüger et al., 1996) nicht nur ausschließlich im Rahmen einer manischen Phase auftreten. Bevor diese Skalen für ein allgemeines

Tabelle 12:
Mood Disorder Questionnaire (MDQ)*
ein Screeninginstrument für bipolare affektive Störungen.

1.	Gab es jemals einen Zeit, in der Sie nicht Sie selbst waren und …	JA	NEIN
	… Sie sich so gut oder überdreht fühlten, dass andere dachten, dass Sie irgendwie anders als gewöhnlich waren, oder waren Sie so aufgedreht, daß Sie in Schwierigkeiten gerieten?		
	… waren Sie so gereizt, dass Sie Leute anschrien oder Streits oder Auseinandersetzungen angefangen haben?		
	… Sie viel weniger Schlaf als üblich bekamen und er Ihnen nicht wirklich fehlte?		
	… Sie sich viel selbstbewusster fühlten als gewöhnlich?		
	… Sie viel gesprächiger als sonst waren oder schneller redeten als üblich?		
	… Ihre Gedanken durch den Kopf rasten oder Sie Ihre Gedanken nicht bremsen konnten?		
	… Sie so leicht durch die Dinge um Sie herum abgelenkt wurden, dass es Ihnen schwer fiel, sich zu konzentrieren oder bei der Sache zu bleiben?		
	… Sie viel mehr Energie als sonst hatten?		
	… Sie viel aktiver waren oder viel mehr Dinge machten?		
	… Sie viel geselliger oder aufgeschlossener waren, z.B. mitten in der Nacht Freunde anriefen?		
	… Sie viel mehr Interesse an Sex hatten als gewöhnlich?		
	… Sie Dinge taten, die für Sie ungewöhnlich waren oder die andere für übertrieben, verrückt oder riskant gehalten hätten?		
	… Ihre Geldausgaben Sie oder Ihre Familie in Schwierigkeiten brachten?		
2.	Wenn Sie mehr als eine der Fragen mit JA beantwortet haben, sind einige von diesen jemals während des gleichen Zeitraums aufgetreten? *Bitte kreuzen Sie nur eine Antwort an.*		
	JA	NEIN	
3.	Wie groß waren die Schwierigkeiten, die dadurch für Sie entstanden – konnten Sie z.B. nicht arbeiten; hatten familiäre, finanzielle oder rechtliche Schwierigkeiten; gerieten in Streit oder Auseinandersetzungen? *Bitte kreuzen sie nur eine Antwort an.*		
	kein Problem — geringes Problem — mäßiges Problem — ernsthaftes Problem		

* MDQ – Deutsche Version: T.D.Meyer/ © Mit freundlicher Genehmigung: American Journal of Psychiatry, 157, 1873–1875; Hirschfeld et al., (2000)

Screening eingesetzt werden können, bedarf es der Untersuchung unterschiedlicher Patientengruppen und umfangreicherer Stichproben. Wir selbst haben versucht, durch Erweiterung der ADS auch ein Screening manischer Symptome möglich zu machen (Meyer & Hautzinger, 2001). In dieser „Allgemeinen Depressions- und Manieskala (ADMS)" erzielten bezogen auf die zusätzlichen 9 manierelevanten Items (siehe Tab. 11) immerhin 10 % unserer Stichprobe einen auffälligen Wert von 13 und größer. Auch erwiesen sich diese manierelevanten Items faktorenanalytisch als eine von den depressionsrelevanten Items unabhängige Dimension, auch wenn die Homogenität des Faktors mit .64 (Cronbach's alpha) noch nicht voll befriedigend ist. Trotz dieses erfreulichen Beginns, fehlen noch entsprechende Informationen zur Sensitivität und Spezifität.

Zu Manien fehlen Screeninginstrumente

4.1.2.1 Mood Disorder Questionnaire (MDQ)

Es gibt bislang nur ein Instrument, das das Ziel verfolgt, manische Symptome in Form eines Screenings zu erfassen. Es geht dabei aber nicht um das Vorliegen einer aktuellen Manie oder Hypomanie, sondern um die Frage, ob davon auszugehen ist, dass bei der Person jemals eine hypomane oder manische Episode aufgetreten ist. Dieser „Mood Disorder Questionnaire" (MDQ; Hirschfeld et al., 2000) fragt mit 13 Ja-Nein Fragen manische bzw. hypomane Symptome ab. Mit zwei weiteren Fragen versucht es zu prüfen, ob diese Symptome auch klinisch relevant sind und somit möglicherweise eine Manie vorgelegen hat. Dieser Screeningfragebogen ist in Tabelle 12 als von uns erstellte Übersetzung enthalten.

Das Instrument erweist sich nach unseren bisherigen Erfahrungen als reliabel. Ein Wert von 7 darf als optimal im Hinblick auf die Sensitivität und Spezifität angesehen werden: 70 % der bipolaren Patienten wurden als solche mit dem Instrument erkannt (= Sensitivität) und 90 % der Personen ohne bipolare Störung wurden richtigerweise als „nicht-bipolar" identifiziert (= Spezifität).

4.1.3 Schlussfolgerung und Empfehlung

Bei der Anwendung dieser kurzen, z. T. noch unvollkommenen Instrumente darf nicht vergessen werden, dass im weiteren Verlauf und bei der genaueren Diagnostik über 1/4 der zunächst positiv gescreenten Personen sich nicht affektiv auffällig erwiesen bzw. keine Indikation für eine Intervention bestand (Coyne, Thompson, Palmer, Kagee & Maunsell, 2000). Darüber hinaus ist ein positiver Screeningbefund oft nicht sehr stabil (Coyne, Thompson & Racioppo, 2001). Die rechtzeitige Erkennung einer affektiven Störung ist zur frühzeitigen Einleitung einer Behandlung bzw. zur Prävention von Chronifizierung sinnvoll und nötig, doch sollte vorsichtig, sorgfältig und im Hinblick auf die Interessen der Betroffenen umsichtig gehandelt werden. Eine Entscheidung bezüglich einer Behandlung sollte immer erst nach einer genauen Diagnostik mit den in den folgenden Abschnitten dargestellten Verfahren erfolgen.

4.2 Interviewverfahren und Checklisten zur Diagnosestellung

In den letzten Jahren wurden halbstandardisierte und standardisierte Interviews entwickelt, die es erlauben, objektiv und reliabel (Wittchen et al., 1994; 1998; 2001) das Vorliegen der in den Diagnosesystemen definierten Symptome festzustellen und so zu einer Diagnosestellung entsprechend des DSM-IV bzw. ICD-10 zu kommen. In allen gegenwärtig verfügbaren Interviewsystemen nehmen die Bereiche der Affektiven Störungen einen breiten Raum ein.

Strukturierte Interviews heute klinischer Standard

Bekannte und inzwischen erfreulich gebräuchliche Interviews sind: Strukturiertes Klinisches Interview für DSM-IV (SKID – Wittchen et al., 1997), Diagnostisches Interview bei Psychischen Störungen (DIPS – Margraf et al., 1994), Composite International Diagnostic Interview (CIDI – WHO, 1997), Diagnostisches Interview (DIA-X – Wittchen & Pfister, 1997). Für die Klinik und die klinische Praxis sind SKID bzw. DIPS gut geeignet, da dem Kliniker bei dem Interview ein gewisser Gestaltungs- und Befragungsspielraum verbleibt, während CIDI bzw. DIA-X standardisierte Vorschriften machen und auch durch trainierte Laien bzw. weniger erfahrene Kliniker anwendbar sind. Vorteilhaft und für die Zukunft richtungsweisend dabei ist, dass CIDI und DIA-X rechnergesteuert verfügbar sind. Die zu stellenden Fragen, die diagnostischen Entscheidungen, die Verhaltensregeln während der Interviewdurchführung und schließlich sogar die Diagnosestellung erfolgen durch den Rechner. Die Interviewer haben – nach entsprechendem Training – lediglich das geforderte Verhalten zu zeigen bzw. die geforderten Informationen zu erheben und korrekt in den Rechner einzugeben.

Angesichts dieser Möglichkeiten stellen Kritiker die Frage, ob wir den klinisch erfahrenen Diagnostiker angesichts der Probleme mit der Objektivität und Reliabilität (Übereinstimmung) bei persönlichen Interviews überhaupt noch brauchen. Können solche Interviews nicht auch selbständig von den Betroffenen interaktiv an einem Computer durchgeführt werden? Inzwischen liegen zu diesen Fragen einige Studien vor, die ein computerisiertes Vorgehen (M-CIDI) mit der Vergabe psychiatrischer Diagnosen und dem CIDI, das von einem Interviewer durchgeführt wurde, verglichen. Unabhängig davon, dass als Voraussetzung für ein völlig selbständiges Beantworten von diagnostischen Fragen am Computer von Seiten der Betroffenen sowohl eine gewisse Introspektion als auch Krankheitseinsicht erforderlich ist, zeigt sich folgender Trend (Komiti et al., 2001; Peters & Andrews, 1995; Peters, Clark & Corroll, 1999; Rosenman, Korten & Levings, 1997): Mit dem Computer werden mehr und zum Teil andere Diagnosen pro Person gestellt als in der Interviewsituation. Die Übereinstimmung zwischen beiden Verfahren schwankt erheblich, wobei sie speziell für depressive Episoden gering war (Kappa = .23, Komiti et al., 2001).

Unser Fazit ist, dass es sehr stark von der untersuchten Population abhängt, ob ein selbständiges computerisiertes Vorgehen ein klinisches Interview ersetzen kann. Bei klinischen Entscheidungen, Behandlungsempfehlungen sowie bei (akuten) psychiatrischen Patienten ist jedoch dringend davon abzuraten!

4.2.1 Strukturiertes Klinisches Interview (SKID)

Zur Bestimmung, ob eine bestimmte affektive Störung vorliegt oder nicht, und ob andere Problembereiche wie z.B. Alkohol- oder Drogenabusus zu berücksichtigen sind, eignet sich dieses Strukturierte Klinische Interview (SKID; Wittchen et al., 1997). Mit dem SKID I können Diagnosen nach dem DSM-IV (Achse I) und dem ICD-10 gestellt werden. In den verschiedenen Sektionen werden nach einer kurzen Exploration der aktuellen Situation mit Hilfe spezieller Fragen die Kriterien für Affektive Störungen, Psychotische Störungen, Missbrauch und Abhängigkeit sowohl von Alkohol als auch von Drogen und Medikamenten, Angststörungen, Somatoforme Störungen und Essstörungen erfasst. Auch wenn bestimmte Probleme aktuell nicht dominieren, kann für die meisten Diagnosen auch dokumentiert werden, ob sie in der Vorgeschichte auftraten. Der Fokus liegt dabei eindeutig auf der Differentialdiagnotik affektiver und psychotischer Störungen, die zuerst abgehandelt wird, bevor andere psychische Störungen abgefragt werden. Der große Vorteil ist, dass alle Kriterien für diese Bereiche im Interviewheft abgedruckt sind, wodurch es erleichtert wird, noch in der Interviewsituation selbst eine genaue differentialdiagnostische Abklärung vorzunehmen. Zusätzlich ist im Rahmen des SKID vorgesehen, auch das Vorliegen psychosozialer Probleme und das Funktionsniveau global zu beurteilen.

Fast alle Bereiche beginnen mit entsprechenden Eingangsfragen, von deren Beantwortung es abhängt, ob man die zusätzlichen spezifischen Kriterien für die jeweilige Störung prüfen muss oder nicht. Die einzelnen diagnostischen Kriterien sind jeweils zusätzlich zu den Eingangsfragen abgedruckt, damit der Interviewer leichter beurteilen kann, ob die Antwort auf die Frage auf das jeweilige Kriterium zutrifft oder nicht. Dies kann dann in übersichtlicher Form dokumentiert werden, in dem eine von vier vorgegebenen Kodierungen ausgewählt wird:

„?" falls die Antwort verweigert wurde oder die entsprechenden Informationen aus irgendwelchen Gründen fehlen;

„1" wird angekreuzt, wenn das jeweilige Kriterium definitiv nicht erfüllt ist;

„2" wird dann vergeben, wenn zwar einige Hinweise vorliegen, aber die Symptomatik nicht kriteriumsgemäß ausfällt (z.B. Zeitdauer nicht hinreichend, Häufigkeit des Auftretens geringer als gefordert);

„3" bedeutet, dass die jeweilige Symptomatik dem Kriterium voll und ganz entspricht (z.B. depressive Stimmung, die a) sujektiv berichtet wird oder für andere beobachtbar ist, die b) mindestens zwei Wochen andauert und die c) fast täglich vorlag.

Die Abbildung 3 illustriert den Aufbau des SKID bei der Sektion Affektive Störungen und der Entscheidung bezüglich des Vorliegens einer derzeitigen depressiven Episode.

Hinreichendes Training ist Voraussetzung für diagnostische Zuverlässigkeit

Voraussetzung für eine valide und reliable Durchführung ist ein hinreichendes Training im Umgang mit dem SKID I, wobei auch im Manual Grundregeln noch einmal explizit aufgeführt sind, z.B. immer darauf zu achten, dass der Patient bzw. die Patientin sich bei der Beantwortung der Fragen auf den gleichen Zeitraum bezieht wie der Interviewer. Gerade wegen der Komplexität differentialdiagnostischer Fragen ist es sehr wichtig, mit dem Interviewheft sehr gut vertraut zu sein, um in der konkreten Situation mit dem Patienten nicht den roten Faden zu verlieren. Die Handanweisung ist dabei sehr ausführlich, um sich zunächst mit dem SKID und seiner Struktur vertraut machen zu können (z.B. Kodierungen, Sprungregeln).

Die Durchführungsdauer hängt sehr stark von der vorliegenden Problematik und Komorbidität ab und schwankt zwischen 30 Minuten und zweieinhalb Stunden. Die Autoren geben selbst eine Durchschnittszeit von etwa 70 Minuten an. Unsere Erfahrung ist, dass sich die Zeit dann generell verkürzt, wenn der kurze Explorationsteil des SKID I nicht als Ersatz für ein Erstgespräch genommen wird, sondern aufbauend auf einem Erstgespräch zu einem separaten Termin ergänzend das SKID I durchgeführt wird. Normalerweise wird das SKID I auch von den Patienten positiv aufgenommen, wenn ihnen klar ist, dass es darum geht, die individuelle Problematik eindeutig einzugrenzen und – wie in der medizinischen Diagnostik – andere Störungen und Erkrankungen ausschließen zu können.

Um die Reliabilität zu bestimmen, werden meist Kappa-Werte berichtet. Die sog. Kappa-Koeffizienten stellen ein Maß für die zufallsbereinigte Übereinstimmung zwischen zwei Beurteilern auf Nominalskalenniveau

SEKTION A: AFFEKTIVE SYNDROME

In der Sektion A werden depressive, manische sowie andere affektive Syndrome beurteilt. Diagnosen werden jedoch z. T. erst in Sektion D abgeleitet. Wenn kein Hinweis auf eine derzeitige depressive Stimmungslage besteht, kreuzen Sie hier an und gehen Sie zu A38 (frühere Episode eines depressiven Syndroms)!

Derzeitige (Major Depression) Depressive Episode

Fragen	Kriterien			
Ich möchte Ihnen zunächst einige Fragen zu Ihrer Stimmung stellen.	A. Mindestens 5 der folgenden Symptome haben während des gleichen 2-wöchigen Zeitraumes durchgehend bestanden und stellen eine Veränderung gegenüber der bisherigen Leistungsfähigkeit dar; mindestens 1 Symptom ist 1) depressive Verstimmung oder 2) Verlust von Interesse oder Freude.			
Während der letzten 4 Wochen …				
A1 … gab es da eine Zeitspanne, in der Sie sich fast jeden Tag nahezu durchgängig niedergeschlagen oder traurig fühlten? (Können Sie das genauer beschreiben?) Wenn ja: Wie lange hielt dies insgesamt an? (2 Wochen lang?)	1) Depressive Verstimmung fast den ganzen Tag lang, fast täglich, entweder nach subjektivem Ermessen (fühlt sich z. B. traurig oder leer) oder für andere beobachtbar (erscheint z. B. weinerlich). **Beachten Sie! Bei Kindern und Jugendlichen kann es sich auch um reizbare Stimmung handeln!**	?	1	2 3
A2 … haben Sie das Interesse oder die Freude an fast allen Aktivitäten verloren, die Ihnen gewöhnlich Freude machten? Wenn ja: War dies fast jeden Tag der Fall? Wie lange hielt das an? (2 Wochen lang?)	2) Erheblicher Verlust von Interesse oder Freude an allen oder fast allen Aktivitäten nahezu jeden Tag (entweder nach subjektivem Ermessen oder für andere beobachtbar)	?	1	2 3
	Wenn keine 3 in 1) oder 2) → A38 (frühere MDE)			

Beziehen Sie sich bei den folgenden Fragen auf die schlimmsten 2 Wochen während des vergangenen Monats. (Kodieren Sie 1, wenn es sich eindeutig um einen allgemeinen medizinischen Krankheitsfaktor, stimmungsinkongruente Wahnvorstellungen oder Halluzinationen handelt.)

Abbildung 3:
Beispiel zum Aufbau des Strukturierten Klinischen Interviews (SKID)

dar, wobei Werte von >.50 als zufriedenstellend und >.70 als gut betrachtet werden können (Wittchen et al., 1991). Die Retest-Reliabilität, bei der zwei Interviews unabhängig voneinander im Abstand von zwei bis drei Tagen durchgeführt wurden, ergab für die Lebenszeitdiagnosen folgende Werte: Major Depression k = .69, Bipolare Störung k = .70 und Dysthymie k = .80. Für den Bereich affektiver Störungen kann somit festgestellt werden, dass die Interraterreliabilitäten nach einem entsprechenden Training zufriedenstellend ausfallen (Wittchen et al., 1991).

Besonderheiten, auf die man achten sollte

Wenn es speziell um die Diagnostik affektiver Störungen geht, sei auf einige Besonderheiten hingewiesen: (1) Achten Sie immer darauf, ob sich Phasen voneinander abgrenzen lassen, um eine Abgrenzung von Persönlichkeitsstörungen zu erlauben. Das bedeutet auch, dass z.B. Schlafprobleme oder Entscheidungsschwierigkeiten, über die die Betroffenen klagen, auch ausschließlich im Zusammenhang mit der depressiven Stimmung oder Antriebslosigkeit auftreten sollten. Falls die Betroffenen berichten, dass sie schon länger oder immer unter diesen Problemen leiden, ist es wichtig, zu klären, ob diese Symptome mit der Veränderung in der Stimmung deutlich schlimmer geworden sind. Denn nur unter dieser Voraussetzung zählen diese Symptome auch für die affektive Episode. (2) Wenn es um die Abgrenzung manischer oder hypomanischer Symptome von einer normalen guten Stimmung geht, erscheint es ratsam, bei geringstem Verdacht diese Sektion komplett durchzugehen anstatt sich zu früh subjektiv darauf zu verlassen, dass keine Manie oder Hypomanie vorlag. Der Grund hierfür ist, dass erstens manche Patienten mit rezidivierenden Depressionen Hochphasen zwischen den depressiven Episoden als normale, euthyme Zustände darstellen und diese deshalb weder für berichtens- noch behandlungsbedürftig halten, obwohl es sich um eindeutige hypomanische Phasen handelt, wenn man die Kriterien durchgeht. (3) Eine Schwierigkeit im Zusammenhang mit manischen und hypomanischen Episoden ergibt sich aus dem Umstand, dass aus der Außenperspektive die gehobene, euphorische oder reizbare Stimmung dominieren kann, aber für manche Patienten nicht die Stimmung im Vordergrund steht, sondern das Energieniveau und der Tätigkeitsdrang. Die logische Folge ist, dass die Eingangsfrage, ob „es jemals eine Phase gab, in der Sie sich so gut oder übermäßig fühlten, dass andere dachten, es wäre etwas nicht in Ordnung …?" gegebenenfalls verneint wird.

4.2.2 Diagnostisches Expertensystem (DIA-X bzw. CIDI)

Unter dem Namen CIDI ist dieser *standardisierte* Interviewleitfaden international bekannt geworden und wurde in vielen epidemiologischen Untersuchungen eingesetzt (z.B. Kessler et al., 1994; Kessler, Rubnow, Holmes, Abelson & Zhao, 1997; Oldehinkel, Wittchen & Schuster, 1999; Weissman et al., 1999). In Deutschland ist das CIDI überarbeitet und erweitert und als DIA-X inzwischen publiziert worden. Es werden dort Fragebögen mit Interviewmodulen kombiniert und durch ein gemeinsames computergesteuertes Eingabe- und Auswertungsprogramm verknüpft. Zum einen existieren die DIA-X Screening Fragebögen, die dem Diagnostiker erlauben abzuschätzen, ob es überhaupt irgendwelche Anhaltspunkte für psychische Störungen gibt, die dann anhand des Interviews detailliert beurteilt werden können. Das Interview kann dabei sowohl als Papier- und Bleistift-Version, als auch als Computer-Version eingesetzt werden. Es existiert ferner eine Interviewversion für die Lebenszeit und eine für das letzte Jahr. Der Patient selbst erhält während des Interviews ein Ergänzungsheft, in dem Symptomlisten etc. enthalten sind, die für die Beantwortung der Fragen des Interviewers unerlässlich sind. Wittchen und Pfister (1997) weisen darauf hin, dass die Gefahr sehr groß ist, dass das DIA-X beim Vorliegen dementieller Veränderungen, akuten Psychosen und schweren geistigen Behinderungen keine validen und reliablen Daten liefern wird.

Beim CIDI bzw. DIA-X sind alle Schritte der Informationsgewinnung und der Auswertung vollständig standardisiert. Alle Fragen sind wortwörtlich zu stellen und zunächst werden ausschließlich die Antworten der Patienten kodiert. In einem abschließenden Teil macht der Interviewer selbst noch einige zusätzliche Beurteilungen und dokumentiert Beobachtungen, die ebenfalls standardisiert sind. Durch dieses Vorgehen kann das DIA-X somit prinzipiell nicht nur von klinisch erfahrenen Diagnostikern eingesetzt werden, sondern nach einer kurzen Schulung auch von Laien (z.B. Studenten, Hilfspersonal), die ansonsten nicht in der Lage wären, spezifische psychische Störungen zu diagnostizieren. Zusätzlich zu den demographischen Informationen zu Beginn des Interviews (Sektion A) erfassen die einzelnen Sektionen des DIA-X die Kriterien für Nikotinmissbrauch bzw. -abhängigkeit (B), Somatoforme und dissoziative Störungen (C), Angststörungen (D), Depressive Episoden/Dysthymie (E), Manie/Hypomanie (F), Psychotische Symptome (G), Essstörungen (H), Störungen im Zusammenhang mit Alkohol (I), Zwangsstörungen (K) Drogen- bzw. Medikamentenmissbrauch bzw. -abhängigkeit (L), Organische psychische Störungen bzw. Screening kognitiver Funktionen (M) und Posttraumatische Belastungsreaktionen (N).

Als weiterer besonderer Vorteil wird von den Autoren hervorgehoben, dass man je nach diagnostischer Fragestellung nur diejenigen Sektionen abarbeiten kann, die von besonderem Interesse sind, während man andere Module weglässt. Wenn man das DIA-X-Interview vollständig durchführt, sollte man insgesamt mit durchschnittlich 50 bis 70 Minuten rechnen. Sofern die Computer-Version benutzt wird, kann direkt im Anschluss eine Auswertung der Informationen hinsichtlich Lebenszeitdiagnosen und aktueller Symptomatik nach DSM-IV und ICD-10 erfolgen. Wenn man die

Standardisierung und Einsatz von Computer zur Diagnosestellung

Papier- und Bleistift-Version einsetzt, müssen die Daten zuerst über eine spezielle Datenmaske eingegeben werden, bevor die diagnostische Auswertung erfolgen kann. Eine manuelle Auswertung, z.B. in Form von Schablonen, ist nicht möglich! Die Zuordnung von Symptomen und Syndromen zu spezifischen Diagnosen erfolgt somit gemäß vorgegebener Algorithmen und erfordert keine klinische Beurteilung. Erst die Interpretation des Computerbefunds setzt klinische Erfahrung und Wissen voraus.

Für Angststörungen, Essstörungen und Störungen im Zusammenhang mit psychotropen Substanzen sind die Kappa-Werte gut. Die Test-Retest-Reliabilität für depressive Störungen insgesamt lag bei k = .77, wobei der Wert speziell für die Dysthymie mit k = .51 geringer ausfällt. Für bipolare Störungen lagen die Werte bei nur k = .45 (für Bipolar II) und k = .47 (für Bipolar I). Im Zusammenhang mit dem SKID wurden bereits einige Probleme mit manischen und hypomanen Episoden angesprochen, die sich hier – v.a. durch den Einsatz standardisierter Fragen, die von trainierten Laien gestellt werden – auf die Diagnosestellung auswirken könnten.

In einer neueren Studie zeigte sich, dass die Übereinstimmung zwischen dem hoch strukturierten CIDI, das sich ausschließlich auf das Urteil und die Einschätzung des/der Befragten stützt und mit einem klinischen Interview nicht sehr hoch ist (k = 0.20). Die mangelnde Übereinstimmung trat vor allem dann auf, wenn folgende Faktoren vorlagen: höheres Alter, männliches Geschlecht und geringe psychosoziale Beeinträchtigung (Eaton, Neufeld, Chen & Cai, 2000).

Maximale Objektivität und Reliabilität, doch wenig Spielraum für Integration anderer Informationen

Diese Form der Standardisierung schafft zwar die Voraussetzung für eine maximale Objektivität und Reliabilität, wenn das gleiche Instrument von verschiedenen Interviewern eingesetzt wird, weshalb in der Forschung der Einsatz des CIDI bzw. DIA-X verbreitet ist, dies ist aber auch genau der Punkt, warum die Akzeptanz in der Praxis oft eher gering ist. Es bleibt bei einem solchen standardisierten Instrument nur wenig Spielraum, Beobachtungen und widersprüchliche Informationen entsprechend zu berücksichtigen.

4.2.3 Diagnose Checklisten

Eine vereinfachte, doch methodisch auch weniger anspruchsvolle Möglichkeit diagnostische Entscheidungen zu treffen, bieten „Diagnose-Checklisten" (IDCL – Hiller et al., 1995), wie sie für das ICD-10 von der WHO vorgelegt wurden. Die 32 Blätter für die ICD-10-Diagnosen sind farblich unterschiedlich gestaltet und werden in einer Kartonbox geliefert. Auf diesen farbigen Blättern stehen die einzelnen diagnostischen Kriterien für die jeweilige Störung. Bezogen auf depressive bzw. manische Störungen sind die Kliniker angehalten, die diagnostisch relevanten Fragen (siehe Abbildung 4 und 5) mit „ja", „Verdacht" und „nein" zu beantworten, um dann anhand der Checklisten eine Diagnose im Sinne einer depressiven Episode, einer Dysthymia, einer Manie, einer bipolaren Störung, einer nicht näher spezifizierten affektiven Störung oder einer (depressiven) Anpassungsstörung zu vergeben.

Traditionsgemäß sind Checklisten sehr stark auf den aktuellen psychopathologischen Befund ausgerichtet und für den Einsatz in der täglichen klinischen Routine gedacht. Außerdem spezifizieren sie selten das konkrete Vorgehen, d.h. mit welchen konkreten Fragen in welcher Sequenz die relevanten diagnostischen Informationen gewonnen werden sollen. Die Reliabilität hängt dabei meistens sehr stark von der klinischen Erfahrung und dem Training des einzelnen Interviewers ab.

Klinische Erfahrung ist Voraussetzung für Anwendung der Checklisten

Wenn alle Checklisten für eine umfassende anamnestische Abklärung zum Einsatz kommen sollten, dürfte der Zeitvorteil bei sorgfältigem Vorgehen schnell dahin sein. Dies ergibt sich auch aus den Aussagen der Autoren, die berichten, dass die Exploration im Rahmen der Reliabilitätsstudien etwa 30 bis 75 Minuten in Anspruch nahmen (Hiller, von Bose, Dichtl & Agerer, 1990). Der Vorteil der Checklisten ist vor allem dann gegeben, wenn eine schwere akute Symptomatik (z.B. psychotisch) vorliegt und die Durchführung eines strukturierten Interviews kaum möglich ist. Der Fokus liegt dabei auf den momentanen Beschwerden, und eine Diagnose kann auch dann gestellt werden, wenn eine Exploration nicht möglich ist. Die Reliabilitätswerte schwanken. Die Interraterreliabilitäten für Fallgeschichten fielen laut Hiller et al. (1993, 1994) zufriedenstellend aus, wobei sich für depressive Störungen (k >.80) gute Übereinstimmungen fanden. Wenn es um bipolare affektive Störungen ging, lagen die k-Werte bei .53 bis .65. Werden die Patienten wiederholt innerhalb kurzer Zeit von unterschiedlichen Interviewern beurteilt, liegen die Werte für Major Depression bei k = .73, für Dysthymie bei k = .50 und für die Bipolare Störung bei k = .84, wobei letzterer Wert auf n = 4 Patienten basiert (Hiller et al., 1990).

4.2.4 Schlussfolgerung und Empfehlung

Die Durchführung des SKID bzw. eines entsprechenden strukturierten Interviewverfahrens (DIA-X) halten wir für empfehlenswert und sollte von jedem verantwortungsvollen Kliniker zur Feststellung einer Diagnose (aktueller Querschnitt bzw. Lebenszeit) durchgeführt werden. All diese Verfahren können ab dem Jugendalter (ca. 15 Jahre) durchgeführt werden. Selbst für jüngere Altersgruppen und dort auch für die Eltern gibt es heute entsprechende Verfahren (z.B. DISYPS-KJ, Döpfner & Lehmkuhl, 1999).

IDCL   *Internationale Diagnose Checkliste für ICD-10*
WHO

Depressive Episode

Name: _____

Alter: _____ Datum: _____

(1) *Depressive Stimmung*
in einem für den Betroffenen deutlich *abnormen* Ausmaß die meiste Zeit des Tages, fast jeden Tag weitgehend unbeeinflusst durch äußere Umstände und mindestens *2 Wochen* anhaltend

Nein   Verdacht   Ja
☐ ☐ ☐

- Ermitteln Sie die Art der Sympotmatik
- Beziehen Sie *alle Symptome* auf den in (1) kodierten Zeitraum

Nein   Verdacht   Ja

(2) Verlust von *Interesse* oder *Freude* an Aktivitäten, die normalerweise angenehm sind ☐ ☐ ☐

(3) Verminderter *Antrieb* oder erhöhte *Ermüdbarkeit* ☐ ☐ ☐

(4) Verlust von *Selbstvertrauen* oder *Selbstwertgefühle* ☐ ☐ ☐

(5) Unbegründete *Selbstvorwürfe* oder ausgeprägte und unangemessene *Schuldgefühle* ☐ ☐ ☐

(6) Wiederkehrende *Gedanken* an den Tod oder an Suizid oder *suizidales Verhalten* ☐ ☐ ☐

(7) Klagen über oder Anzeichen für vermindertes *Denk-* oder *Konzentrationsvermögen* wie *Unentschlossenheit* oder *Unschlüssigkeit* ☐ ☐ ☐

(8) Änderung der *psychomotorischen Aktivitäten* mit Agitiertheit oder Hemmung (subjektiv oder objektiv) ☐ ☐ ☐

(9) Schlafstörungen jeder Art ☐ ☐ ☐

(10) *Appetitverlust* oder *gesteigerter Appetit* mit entsprechender *Gewichtsveränderung* ☐ ☐ ☐

Ordnen Sie die angekreuzte Symptomatik zeitlich ein:

☐ Ja   ☐ Verdacht   ☐ Ja   ☐ Verdacht   ☐ Ja   ☐ Verdacht

Derzeit:
Symptomatik besteht derzeit erstmalig.

Derzeit und früher:
Symptomatik besteht derzeit und lag auch zu einem früheren Zeitpunkt vor

Früher:
Symptomatik bestand zu einem früheren Zeitpunkt (angeben: _____)

Abbildung 4:
Auszug aus IDCL – Depressive Episode (Hiller et al., 1995)

IDCL *Internationale Diagnose Checkliste für ICD-10*
WHO

Manische Episode oder Hypomanie

Name: _____

Alter: _____ Datum: _____

A Vorherrschend gehobene, expansive oder gereizte Stimmung in deutlich abnormem Ausmaß für den Betroffenen

Nein Verdacht Ja
☐ ☐ ☐

Kriterium A ist erfüllt, wenn die veränderte Stimmung auffällig ist und mindestens 1 Woche andauert (es sei denn, eine Krankenhauseinweisung ist nötig).

Beachten Sie: Wenn Kriterium A nicht erfüllt ist, überprüfen Sie Kriterien für Hypomanie

B
- Ermitteln Sie die Art der Symptomatik
- Beziehen Sie alle Symptome auf den Zeitraum unter A
- Die Symptomatik muss so ausgeprägt sein, dass sie schwere Beeinträchtigungen in der persönlichen Lebensführung bewirkt

Nein Verdacht Ja

(1) Gesteigerte Aktivität oder motorische Ruhelosigkeit ☐ ☐ ☐
(2) Gesteigerte Gesprächigkeit (Rededrang) ☐ ☐ ☐
(3) Ideenflucht oder subjektives Gefühl des Gedankenjagens ☐ ☐ ☐
(4) Verlust normaler sozialer Hemmungen, was zu einem unangemessenen Verhalten führt ☐ ☐ ☐
(5) Vermindertes Schlafbedürfnis ☐ ☐ ☐
(6) Überhöhte Selbsteinschätzung oder Größenideen ☐ ☐ ☐
(7) Ablenkbarkeit oder ständig wechselnde Aktivitäten oder Pläne ☐ ☐ ☐
(8) Tollkühnes oder leichtsinniges Verhalten, dessen Risiken der Betroffene nicht erkennt
z.B. Lokalrunden ausgeben, törichte Unternehmungen, rücksichtsloses Fahren ☐ ☐ ☐
(9) Gesteigerte sexuelle Energie oder sexuelle Taktlosigkeit ☐ ☐ ☐

Mindestens 3 Merkmale aus (1) bis (9)
(4 Merkmale, falls Stimmung nur reizbar) ☐ ☐ ☐

Beachten Sie: Wenn Kriterium A nicht erfüllt ist, überprüfen Sie Kriterien für Hypomanie

Abbildung 5:
Auszug aus IDCL – Manische Episode oder Hypomanie (Hiller et al., 1995)

Der Zeitaufwand für diese Interviews (aktuelle Symptomatik) ist mit ca. einer Stunde ökonomisch, angemessen und gut machbar. Patienten erwarten dieses Interesse und den Aufwand. Es führt zur Erhöhung der Kompetenzzuschreibung, damit der Motivation und Kooperation seitens der Patienten gegenüber den Klinikern bzw. der nachfolgenden Behandlung. Die Erhebung von psychischen Störungen während der Lebenszeit erfordert meist zusätzlich Zeit und kann ja nach Patienten und Krankengeschichte zwischen einer weiteren halben und zwei Stunden streuen. Vor einer sachgerechten Anwendung des SKID ist ein zumindest dreitägiges Training und mehrere Probepatienten unter Supervision erforderlich, um objektiv und mit der möglichen Zuverlässigkeit zu diagnostizieren.

4.3 Selbstbeurteilungen und Fragebögen

Fragebögen erlauben Schweregradbeurteilung nach Diagnose

Eine Reihe klinisch erfolgreicher, gut validierter, psychometrisch gelungener Selbstbeobachtungsverfahren und Fragebögen erlauben die Bestimmung des Schweregrades der Depressivität, der Manie bzw. Hypomanie, der Messung von Veränderungen während der Behandlung und von Schwankungen der Befindlichkeit und Beschwerden (siehe Tabelle 13 und 14). Mittels Selbstbeurteilungsinstrumenten kann keine diagnostische Entscheidung getroffen werden, sondern nach erfolgter klassifikatorischer Diagnostik können damit die Symptomausprägung und im Sinne einer multimethodalen Diagnostik auf verschiedenen Ebenen die möglichen Beeinträchtigungen differenziert werden.

4.3.1 Depressive Symptome

4.3.1.1 Beck Depressionsinventar (BDI)

Weltweiter Standard, unverzichtbares Selbstbeurteilungsmaß

Das international gebräuchlichste Selbstbeurteilungsinstrument ist das Beck-Depressions-Inventar (BDI, Beck & Steer, 1987; BDI II, Beck, Steer & Brown, 1996; Hautzinger, Bailer, Worrall & Keller, 1995). Es ist seit seiner Einführung (Beck, Ward, Mendelson, Mock, Erbaugh, 1961) zu dem verbreitetsten und in vielfältigen klinischen Zusammenhängen erfolgreich eingesetzten Selbstbeurteilungsinstrument zur Erfassung des Schweregrades einer depressiven Episode geworden. Die 21 Items bilden eine Skala mit den Aspekten: traurige Stimmung, Pessimismus, Versagen, Unzufriedenheit, Schuldgefühle, Strafbedürfnis, Selbsthass, Selbstanklagen, Selbstmordimpulse, Weinen, Reizbarkeit, sozialer Rückzug und Isolierung, Entschlussunfähigkeit, negatives Körperbild, Arbeitsunfähigkeit, Schlafstörungen, Ermüdbarkeit, Appetitverlust, Gewichtsverlust, Hypochondrie und Libidoverlust. Die Tabelle 15 stellt beispielhaft einige Items dieses Fragebogens vor.

Tabelle 13:
Zusammenstellung einiger Selbstbeurteilungsverfahren depressiver Symptome und Fragebögen zur Beurteilung des subjektiv erlebten Schwere einer Depression.

Verfahren (Autoren)	Kennzeichen	Gütekriterien R	Gütekriterien V	Durchführungszeit: Min.	Vergleichswerte N	Vergleichswerte C
Beck-Depressionsinventar BDI (Hautzinger et al.,1995)	21 Items, 1 Skala	+	+	10–15	+	+
Allgemeine Depressionsskala ADS (Hautzinger und Bailer, 1993)	20 Items, 1 Skala, Kurzform: 15 Items	+	+	5–10	+	+
Depressionsskala D-S (von Zerssen, 1976)	16 Items, 1 Skala, Parallelform D-S'	+	+	10–15	+	+
Self-Rating-Depression Scale SDS (Zung, 1965)	20 Items 1 Skala	+	+	10–15	ø	+
Fragebogen zur Depressionsdiagnostik FDD (Kühner, 1997)	18 Items 1 Skala	+	+	10–15	+	+
Differentieller Depressions-Fragebogen DDF (Steck, 1998)	76 Items 6 Skalen Parallelform	+	+	15–20	+	+

Anmerkungen: R: Reliabilität, V: Validität, N: Normen, C: Cut off Werte, + ausreichende empirische Studien mit guten, zugänglichen Ergebnissen, ø Hinweise auf Testgüte, doch weitere Überprüfungen notwendig, – keine bzw. unzureichende Angaben.

Tabelle 14:
Selbstbeurteilungsverfahren für hypomanische und manische Symptome

Verfahren (Autoren)	Kennzeichen	Gütekriterien Rel.	Gütekriterien Val.	Durchführungszeit: Min.	Vergleichswerte N	Vergleichswerte C
Manie-Selbstbeurteilungsskala MSS (Krüger et al., 1997)	48 Items 1 Skala	+	ø	3–5	–	+
Internal State Scale ISS (Bauer et al., 1991)	17 Items Visuelle Analogskalen 4 Skalen	ø	+	5	–	+
Altman-Self-Rating-Mania-Scale ASRM (Altman et al., 1997)	5 Items 1 Skala	ø	ø	5 (für Originalfassung mit 11 Items)	–	+

Anmerkungen: R: Reliabilität, V: Validität, N: Normen, C: Cut off Werte, + ausreichende empirische Studien mit guten, zugänglichen Ergebnissen, ø Hinweise auf Testgüte, doch weitere Überprüfungen notwendig, – keine bzw. unzureichende Angaben.

Tabelle 15:
Beispielitems aus dem Beck-Depressionsinventar (BDI). Gefragt wird danach, welche Aussage die beantwortende Person bezogen auf die letzte Woche einschließlich heute, am besten beschreibt.

A
0 Ich bin nicht traurig.
1 Ich bin traurig.
2 Ich bin die ganze Zeit traurig und komme nicht davon los.
3 Ich bin so traurig oder unglücklich, dass ich es kaum noch ertrage.

B
0 Ich sehe nicht besonders mutlos in die Zukunft.
1 Ich sehe mutlos in die Zukunft.
2 Ich habe nichts, worauf ich mich freuen kann.
3 Ich habe das Gefühl, dass die Zukunft hoffnungslos ist, und dass die Situation nicht besser werden kann.

C
0 Ich fühle mich nicht als Versager.
1 Ich habe das Gefühl, öfter versagt zu haben als der Durchschnitt.
2 Wenn ich auf mein Leben zurückblicke, sehe ich bloß eine Menge Fehlschläge..
3 Ich habe das Gefühl, als Mensch ein völliger Versager zu sein.

D
0 Ich kann die Dinge genauso genießen wie früher.
1 Ich kann die Dinge nicht mehr so genießen wie früher.
2 Ich kann aus nichts mehr eine echte Befriedigung ziehen.
3 Ich bin mit allem unzufrieden oder gelangweilt.

Patienten haben die Aufgabe, jedes dieser Items auf einer vierstufigen Skala von 0 bis 3 hinsichtlich dessen Auftretens während der letzten Woche und dessen Intensität zu beurteilen. Die Bearbeitungszeit für Patienten beträgt zwischen 15 und 20 Minuten. Die innere Konsistenz ist bei Patientenstichproben hoch (meist über .90), und die Stabilität des Summenwerts liegt über eine Woche bei .75 und über zwei Wochen bei .68. Die Korrelationen mit anderen Selbstbeurteilungsmaßen liegt bei .76 bis über .80. Faktorenanalysen erbringen in der Regel und in den unterschiedlichsten Patientengruppen einen starken ersten Faktor, auf dem nahezu alle Items am höchsten laden. Die Konstruktvalidität des BDI wurde durch Richter (1991) hinsichtlich inhaltlicher, dimensionaler und prozessualer Aspekte belegt. Das BDI hat sich in zahllosen Interventionsstudien als Erfolgsmaß veränderungssensitiv erwiesen (z.B. Hautzinger & deJong-Meyer, 1996). Es ist heute kaum eine Depressionsstudie denkbar, ohne dass das BDI dabei zur Schwerebeurteilung bzw. zur Eingangs- und Endmessung zur Anwendung kommt. Ein BDI-Wert von 20 und mehr Punkten lässt sich bei über 65% depressiver Patienten finden.

In Patientenstichproben liegt im Mittel bei 24,4 (SD 10,8) Punkten, während eine nicht-klinische, vergleichbare Kontrollgruppe einen mittleren Wert von 6,5 (SD 5,2) erreicht. Ein BDI-Wert von über 12 darf bereits als auffällig gelten und ein Wert von über 16 Punkten kommt in nicht-klinischen Gruppen kaum mehr vor. Symptome wie Hypersomnie, psychomotorische Agitation bzw. Retardierung und Appetitzunahme werden mit dem BDI nicht erfasst, was ihn für die depressive Selbstbeschreibung im Rahmen einer bipolaren affektiven Störungen u.U. weniger geeignet erscheinen lässt.

4.3.1.2 Allgemeine Depressionsskala (ADS)

Im Gegensatz zum BDI lässt sich die Allgemeine Depressions-Skala (ADS – Hautzinger & Bailer, 1993), eine deutsche Version der CES-D Skala (Radloff, 1977) auch außerhalb des klinischen Rahmens als Screening-Instrument für depressive Auffälligkeiten und erste Stufe eines mehrphasigen diagnostischen Prozesses bezüglich depressiver Störungen einsetzen (siehe Tabelle 9). Die 20 Items erfragen, bezogen auf die letzten sieben Tage, das Vorhandensein und die Dauer der Beeinträchtigung durch Niedergeschlagenheit, Traurigkeit, Erschöpfung, Verunsicherung, Hoffnungslosigkeit, Einsamkeit, Selbstabwertung, Antriebslosigkeit, Weinen, Rückzug, Angst, körperliche Beschwerden und motorische Hemmung. Die Konstruktion ist einfach und die Bearbeitungszeit liegt bei weniger als 10 Minuten. Die innere Konsistenz ist mit .89 und die Testhalbierungsreliabilität mit .81 hoch. Korrelationen mit anderen Befindens- und Depressionsskalen (z.B. BDI) erreichen Werte bis .90. Die ADS repräsentiert angesichts eines dominierenden ersten Faktors eine Skala. Es liegt eine Kurzform mit 15 Items vor.

Ökonomischer und weit akzeptierter Depressionsfragebogen

ADS-Werte von 23 (in der ADS-Kurzform von 18) und höher weisen auf die Möglichkeit einer ernsthaften depressiven Problematik hin. Patienten mit einer Depressionsdiagnose erzielen im Mittel im ADS Werte zwischen 29 und 39 (SD 6,4 bis 10,2). Trotz der hohen Korrelation des BDI mit dem ADS gibt es Hinweise, dass das BDI stärkere Assoziationen zu den Kriterien einer depressiven Episode zeigt, während die ADS eher mit Kriterien einer Dysthymia korreliert scheint (Wilcos, Field, Prodromidis & Scafidi, 1998). Bewährt hat sich die ADS auch als Verlaufs- bzw. Prozessmaß (Hautzinger, 2001), bei der Qualitätskontrolle (Palm, 1998) sowie bei der Anwendung in verschiedenen Altersgruppen (Hautzinger, 2000b; Matschinger et al., 2000; Meyer & Hautzinger, 2001).

4.3.1.3 Depressionsskala (D-S)

Bei der Depressionsskala (D-S – von Zerssen, 1976) handelt es sich um ein Instrument, das auch in einer Parallelform (D-S') vorliegt (Itembeispiele siehe Tabelle 16). Für die Beantwortung dieser Skala werden meist nur fünf Minuten benötigt. Die D-S bzw. die D-S' erfasst mit den 16 Items das Ausmaß subjektiver Beeinträchtigung durch ängstlich-depressive Verstimmung. Skalenwerte bzw. deren Veränderungen weisen auf subjektive Zustände hin, wie sie besonders für klinische (psychiatrische) Verlaufsuntersuchungen (Therapiestudien) von Interesse sind. Die Zielgruppe ist 20 bis 64 Jahre alt, wofür auch Normwerte existieren. Die Parallelformen sind homogen und korrelieren miteinander (.76 bis .91). Es liegen Untersuchungen zur inhaltlichen und kriterienbezogenen Validität vor sowie zahlreiche Erfahrungen mit unterschiedlichen klinischen Stichproben vor. Die kriterienbezogene Validität liegt bei .72 (Korrelation DS-Summenwert mit der Zuordnung zur depressiven Patientengruppe).

Tabelle 16:
Itembeispiele aus der Depressionsskala (D-S) und der Parallelform (D-S') (von Zerssen, 1976). Die Stärke der Zustimmung bzw. Ablehnung wird auf einer vierstufigen Skala von „trifft ausgesprochen zu" bis „trifft gar nicht zu" ausgedrückt.

D-S	D-S'
Ich habe Freude an den verschiedensten Spielen und Freizeitbeschäftigungen	Ich muss mich sehr dazu antreiben etwas zu tun
Kritik verletzt mich stärker als früher	In letzter Zeit kommen mir öfters die Tränen
In letzter Zeit bin ich sehr ängstlich und schreckhaft	Ich kann vor lauter Unruhe keine Minute mehr stillsitzen
Ich weine leicht	Mein Appetit ist viel schlechter als früher
Ich habe Angst, den Verstand zu verlieren	Ich kann nachts schlecht schlafen
Ich fühle mich niedergeschlagen und schwermütig	Ich fühle mich innerlich gespannt und verkrampft
Ich kann das, was ich lese, nicht mehr so gut verstehen wie früher	Ich fühle mich einsam, sogar wenn ich mit Menschen zusammen bin

4.3.1.4 Self-Rating-Depression-Scale (SDS)

Die Self-Rating-Depressions-Skala (SDS – Zung, 1965) ist von der Itemgestaltung primär klinisch-psychiatrisch orientiert, was sich in guten Übereinstimmungen des SDS mit Klinikerurteilen (.69 bis .80) niederschlägt. Der Summenwert dieses Fragebogens drückt zwar, wie verschiedene andere Skalen, die Schwere einer aktuellen depressiven Symptomatik aus, doch gehen dabei verhältnismäßig stark (9 von 20 Items) somatische und physiologische Beschwerden ein. Trotzdem sind die Korrelationen mit dem BDI recht hoch (.82) (CIPS, 1996).

4.3.1.5 Weitere Selbstbeurteilungsinstrumente depressiver Symptome

Weitere Verfahren zur Erfassung der Schwere einer Depression mit gut belegter psychometrischer Güte sind: Der Fragebogen zur Depressionsdiagnostik (FDD/IDD – Kühner, 1997; Zimmerman et al., 1987), die Symptom Checkliste (SCL 90 – Franke, 1995 bzw. die Kurzform dazu BSI – Franke, 2000) mit ihrer Depressivitätsskala (9 Items) und der recht neue Differentielle Depressionsfragebogen (DDF – Steck, 1998). Letzteres Instrument ist insofern bemerkenswert, als es das einzige Verfahren ist, das Depressivität mehrdimensional zu erfassen beansprucht.

Dazu geht Steck (1998) von einem dimensionalen Depressionsmodell aus, dessen integrierender Faktor die „Verstimmung" ist. Auf der Syndromebene unterscheidet der Autor die „gehemmte Depression", die „Angstdepression" und die „Somatisierte Depression". Das Modell unterscheidet dann noch eine Subsyndromebene mit mehreren Symptombereichen (z. B. phobisch, hypochondrisch, anankastisch usw.). Über mehrere Entwicklungsschritte entsteht mit dem Differentiellen Depressionsfragebogen ein Instrument, das aus 6 Skalen besteht, die als „Phobisch", „Somatisiert", „Hypochondrisch", „Selbstquälerisch", „Paranoid" und „Anankastisch" bezeichnet werden und entsprechend dem skizzierten Modell Grundmerkmale des depressiven Syndroms messen. Zur Erfassung dieser Aspekte liegen zwei parallele Formen der DDF und eine Gesamtskala mit insgesamt 136 Items vor. Die Skalenkonstruktion und die psychometrischen Kennwerte sind überzeugend (z. B. innere Konsistenz .85 bis .92). Es liegen Normwerte und hilfreiche Auswertungsschablonen samt übersichtlichen Profilblättern für die Skalen vor. Die Mehrzahl der BDI Items korrelieren besonders auffallend mit der Skala „Selbstquälerische Depression".

Instrument für die mehrdimensionale Depressionsdiagnostik

Erfreulich ist, dass im Gegensatz zu den anderen dargestellten Skalen dieser Fragebogen theoretisch verankert ist und die von allen Fachleuten geteilte, doch in den verbreiteten Instrumenten nicht berücksichtigte Ansicht aufgreift, dass depressives Erleben sich nur in verschiedenen, relativ eigenständigen Komponenten ausdrückt, die nicht hinreichend auf einer einzigen Maßskala abbildbar sind. Unter dieser Annahme erscheint es problematisch, z. B. die Schwere der Depression durch ein einziges Maß bestimmen zu wollen. Die Mehrdimensionalität des klinischen Bildes der Depression (siehe dazu Abschnitt 2.2 auch Tabellen 1 und 2) erfordert vielmehr – so Steck – „die Markierung des Schweregrades auf verschiedenen Skalen" (1998, S. 8). Dies kann natürlich nicht mit möglichst kurzen, schnell bearbeiteten Fragebögen geleistet werden. Es ist zu hoffen, doch bleibt abzuwarten, ob der DDF sich klinisch durchsetzt.

4.3.2 Manische Symptome

Lange Zeit wurde daran gezweifelt, ob Patienten mit einer akuten manischen Episode valide Selbstauskünfte geben können, so dass die Entwicklung und der Einsatz von Selbstbeurteilungsinstrumenten für manische Symptome nur verzögert und langsam einsetzte. Hierbei ist zu bedenken, dass die Patienten selbst jedoch die Experten für ihre eigenen Zustände sind, während externe Beobachter nur Segmente davon zur Kenntnis nehmen können, Schlussfolgerungen aus ihren Beobachtungen ziehen müssen und durch entsprechende Fremdbeurteilungskalen in ihrem Fokus eingeschränkt werden (Murphy, Pickar & Alterman, 1982; Raskin, Schulterbrandt, Reatig & McKeon, 1970). Neuere Studien relativierten diese Vorstellungen. So berichteten z. B. Altman, Hedeker, Peterson und Davis (1997) zwar, dass ein Teil der manischen Patienten die Beantwortung von Fragebogen verweigerte oder aufgrund der Schwere ihrer Symptomatik nicht beantworten konnte, aber der Prozentsatz der Verweigerer war bei nicht-manischen Patienten genauso hoch wie bei manischen Patienten. Noch entscheidender ist, dass die Verweigerung sich dabei nicht nur auf Selbstberichte, sondern generell auch auf die Teilnahme an Interviews bezog. So sollte man sich vor Augen halten, was Zealley und Aitken bereits 1969 beobachteten: Sie konnten zeigen, dass die Stimmungsänderungen bzw. Therapieeffekte, die von den Patienten berichtet wurden, in den Beobachtungen des Pflegepersonals erst mit einer Verzögerung von einigen Tagen zum Tragen kamen. Auch Altman (1998) kommt zu der Schlussfolgerung, dass Selbstbeurteilungen manischer Symptome sowohl valide als auch reliabel erfolgen können. Davon kann selbst dann ausgegangen werden, wenn psychotische Symptome vorliegen und nur wenig Krankheitseinsicht besteht (vgl. auch Bräunig, Shugar & Krüger, 1996; Cooke, Krüger & Shugar, 1996).

Mangel an angemessenen und brauchbaren Manieskalen

Während zahlreiche Depressionsskalen auch im deutschen Sprachraum als publizierte Übersetzungen verfügbar sind, gilt dies nicht für den Bereich der Manie. Wenn man von Skalen wie der „Hypomanen Persönlichkeit" (Eckblad & Chapman, 1986; Meyer, Drüke & Hautzinger, 2000) oder dem „MMPI" absieht, der ebenfalls eine Manie-Skala als stabilen Persönlichkeitszug beinhaltet (Engel, 2000; Hathaway & McKinley, 1972), bleiben nur die MSS, die ISS und ADMS.

4.3.2.1 Manie Selbstbeurteilungsskala (MSS)

Die MSS (Krüger, Bräunig & Shugar, 1997) stellt die deutsche Adaptation des Self-Rating Mania Inventory (SRMI) von Shugar, Shertzer, Toner und diGasbarro (1992) dar. Die Skala umfasst 48 Items, die mit „Ja" oder „Nein" beantwortet werden. Die meisten Aussagen sind in Komparativform formuliert, d. h. von den Patienten wird erwartet zu beurteilen, ob das konkrete Verhalten im einzuschätzenden Zeitintervall häufiger bzw. vermehrt aufgetreten ist als zuvor. Die Patienten sollen sich bei der Beantwortung immer darauf beziehen, inwieweit das jetzige Verhalten und Erleben eine Abweichung zu dem darstellt, wie sie sich „normalerweise" verhalten würden. Zusätzlich zu eher typischen manischen Symptomen wie vermehrter Energie, geringerem Schlafbedürfnis werden auch Verhaltensweisen erfragt, die nicht auf den ersten Blick für Laien Anzeichen für Probleme wären, z. B. „Ich bin schneller Auto gefahren als sonst", „Ich bin häufiger auf Parties gewesen als sonst" oder „Ich habe mich öfter als sonst selbst befriedigt". Die letzte Frage der MSS bezieht sich auf die Krankheitseinsicht. Der Vorteil der MSS ist, dass die Fragen sehr verhaltensnah sind und auch von Patienten in einer akuten Episode beantwortet werden können, selbst wenn sie sich nicht für krank halten.

Der Zeitraum, auf den sich die Patienten in der Regel beim Ausfüllen beziehen sollen, ist laut Instruktion der Monat vor der stationären Aufnahme, wobei je nach Kontext eine Abwandlung z. B. auf die Woche vor dem Ausfüllen möglich ist (Krüger et al., 1997; Shugar et al., 1992). Bei Wiederholungsmessungen tauchte zum Teil bei den Patienten die Frage auf, auf was sie sich bei der Beantwortung beziehen sollen. Die Skala eignet sich aber im therapeutischen Rahmen auch zum Erarbeiten von individuellen Prodromalsymptomen für eine Manie und das individuelle Zusammenstellen von Warnsymptomen.

Die Skala hat ist sehr homogen mit Werten von Cronbach's alpha = .94 und die Retest-Reliabilität lag für unterschiedliche Zeiträume in verschiedenen Stichproben zwischen .79 und .93 (Bräunig et al., 1996; Shugar et al., 1992). Den Autoren zufolge werden inhaltlich mit der MSS zwar neun Bereiche beschrieben, aber faktorenanalytisch ergaben sich lediglich zwei Skalen. Shugar et al. (1992) interpretierten dies als „hyperaktive Dysphorie" und „hedonistische Euphorie". Eine ähnliche, wenn auch nicht identische Struktur fanden Bräunig et al. (1996) mit ebenfalls zwei Faktoren. Aufgrund des Musters könnte man hier von einem Faktor „gesteigertes Aktivitätsniveau" und einem Faktor „Anzeichen für formale und inhaltliche Denkstörungen" sprechen. Trotz der faktoriellen Struktur ist nur eine einfache Summenwertbildung vorgesehen.

Im Hinblick auf die Validität der MSS lässt sich folgendes sagen: Da immer wieder bezweifelt wird, dass Patienten in einer akuten manische Phase ehrlich antworten, ist der Befund wichtig, dass der Faktor „Krankheitseinsicht" keinen wesentlichen Einfluss auf das Antwortverhalten in der MSS hatte (Bräunig et al., 1996; Shugar et al., 1992). Das Korrelationsmuster zu anderen Maßen, die ebenfalls manische Symptome erfassen (wie z. B. YMRS oder ISS), sprechen für die Validität (Bräunig et al., 1996; Cooke et al., 1996).

Normen im engeren Sinne liegen für die MSS nicht vor, wobei die Mittelwerte für akut manische Patienten über 20 liegen (Bräunig et al., 1996; Shugar et al., 1992). Die Sensitivität der MSS erwies sich laut Krüger et al. (1997) bei einem Cutoff-Wert von 14 am höchsten, d. h. etwa 80 % der manischen Patienten werden als „manisch" identifiziert. Die Spezifität fällt bei diesem Wert in den verschiedenen Stichproben sehr unterschiedlich aus und steigt auf 76 % bis 94 % bei einem Cutoff von 22.

Manieskalen messen den Schweregrad manischer Episoden, ersetzen keine diagnostischen Entscheidungen

Die MSS ist sicherlich ein gutes Maß, um die Schwere der Symptomatik zu erfassen. Ob sie jedoch auch geeignet ist, manische Episoden zu diagnostizieren, wie die Autoren schlussfolgern, ist aus unserer Sicht nicht bestätigt.

4.3.2.2 Internal State Scale (ISS)

Entsprechend des Namens der Skala ISS werden damit primär subjektiv, internale Zustände (Bauer et al., 1991) erfasst, während die zuvor dargestellte MSS verstärkt die Beurteilung des Vorhandenseins bzw. Fehlens verhaltensnaher Aspekte erfordert. Es geht somit in der ISS nicht um die Beurteilung der Häufigkeit verschiedener Symptome im Hinblick auf einen bestimmten Zeitraum, sondern um aktuelle Gefühle und Eindrücke am heutigen Tage. Dies bedeutet umgekehrt, dass typische manische Symptome, wie z.B. verringertes Schlafbedürfnis oder Rededrang, nicht einbezogen wurden. Andererseits berücksichtigt die ISS im Gegensatz zur MSS auch aktuelle Depressivität.

Die ISS ist auf dem Prinzip der visuellen Analogskalen aufgebaut. Die Patienten sollen mit einem Kreuz auf einer 10 cm langen Linie, die zu einer Aussage gehört, kennzeichnen, wie es ihnen in den letzten 24 h erging, z. B. „Ich fühlte mich innerlich großartig" oder „Ich bin unruhig" (vgl. Abbildung 6). Die Enden der Linien sind mit den Ankern „gar nicht/selten" versus „sehr stark/meistens" versehen. Der Umgang mit der ISS fällt den Patienten leicht. Es gibt verschiedene Varianten der ISS, wobei sich die Veröffentlichungen meistens auf die Version mit 16 Items plus einer zusätzlichen Einschätzung der aktuellen Grundstimmung auf der Dimension „depressiv/niedergeschlagen" versus „manisch/Hochgefühl" beziehen (vgl. Bauer, Voijta, Kinosian, Altshuler & Glick, 2000; Cooke et al., 1996; Voijta, Kinosian, Glick, Altshuler & Bauer, 2001).

Depressionsindex, Wohlbefindensindex, Aktivierungsindex, wahrgenommene Konflikte

Faktorenanalytisch ergaben sich drei Faktoren mit Eigenvalues > 1.0, wobei dennoch die Auswertung von vier unterschiedlichen Werten vorschlagen wird (Bauer et al., 1991): Ein „Depressions-Index" bestehend aus zwei Items, und ein „Wohlbefinden-Index" bestehend aus drei Items. Die anderen zwei Dimensionen „Aktivierung" und „wahrgenommene Konflikte" umfassen jeweils fünf Items. Es zeigen sich dabei in Abhängigkeit vom aktuellen Zustand deutliche Mittelwertunterschiede in den Subskalen: Nur manische Patienten zeigen erhöhte Werte auf dem Faktor „Aktivierung", während sie sich zwar im „Wohlbefinden" von Depressiven, aber nicht von Kontrollpersonen unterscheiden. Die Skala „Aktivierung" korreliert stark mit der YMRS, aber nicht mit der HAMD, während der Depressions- und Wohlbefinden-Index hoch mit der HAMD assoziiert waren (Bauer et al., 1991). Cooke et al. (1996) fanden ebenfalls deutliche Assoziationen zu anderen Manie-Maßen. In der bislang einzigen Studie zur ISS, in der keine bipolaren Patienten untersucht wurden, sondern Patienten mit Asthma, zeigten sich zwar die erwarteten Zusammenhänge zur HAMD, aber nicht zur YMRS (Brown et al., 2000). Dies bedeutet, dass die ISS ein nützliches

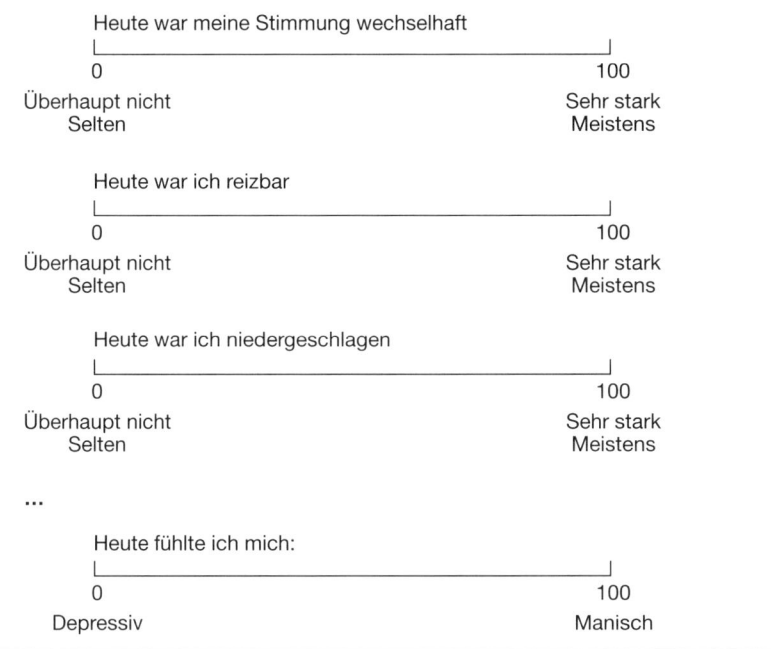

Anmerkung: Es handelt sich um ein Beispiel für den Aufbau der ISS. Alle Items plus ihre Skalenzuordnung: *Wahrgenommene Konflikte:* Heute war meine Stimmung wechselhaft; Heute war ich reizbar; Heute hatte ich das Gefühl, dass es die Leute auf mich abgesehen haben; Heute hatte ich das Gefühl, als hätte sich die Welt gegen mich verschworen; Heute war ich streitsüchtig; *Wohlbefinden-Index:* Heute fühlte ich mich fähig bzw. kompetent; Heute fühlte ich mich richtig großartig; Heute fühlte ich mich wie unter Strom; *Depressions-Index:* Heute scheint es, als ob nichts jemals für mich anders wird; Heute war ich niedergeschlagen; *Aktivierung:* Heute war ich impulsiv; Heute gingen mir die Gedanken schnell durch den Kopf; Heute war ich übermäßig aktiv; Heute fühlte ich mich innerlich angetrieben; Heute war ich innerlich unruhig (Bauer et al., 1991; Meyer & Hautzinger, 2000).

Abbildung 6:
Internal State Scale – Analogskala (Beispiel)

Instrument beim Diagnostizieren bipolarer Störungen und eventuell generell affektiver Erkrankungen ist, aber der Einsatz in anderen Bereichen nur mit Vorbehalt erfolgen sollte, solange keine entsprechenden Untersuchungen vorliegen.

Bezogen auf die Vorgaben von Bauer et al. (2000) und basierend auf einer 100 mm langen Analogskala lassen sich folgende Grenzwerte für den aktuellen Zustand finden:
Euthymer Zustand: Wohlbefinden-Index ≥ 125 und Aktivierung < 155;
Manie/Hypomanie: Wohlbefinden-Index ≥ 125 und Aktivierung ≥ 155;

Gemischt: Wohlbefinden-Index < 125 und Aktivierung ≥ 155;
Depression: Wohlbefinden < 125 und Aktivierung < 155.

Diese Grenzwerte sollten jedoch mit Umsicht gehandhabt werden, da sie bislang nur in Bauer's Arbeitsgruppe eingesetzt und überprüft wurden (z.B. Vojita et al., 2001). Außerdem sollte bei der Interpretation dieser Werte nie vergessen werden, dass es dabei um den aktuellen Zustand geht, der nicht unbedingt gleichbedeutend mit einer klinisch relevanten Manie oder Depression ist.

4.3.2.3 Allgemeine Depressions- und Manieskala (ADMS)

Wie bereits im Abschnitt (3.1.2) zu den Screeninginstrumenten dargestellt, handelt es sich bei der ADMS um eine auf der Basis des ADS (Hautzinger & Bailer, 1993) von uns (Meyer & Hautzinger, 2001) weiterentwickelte Skala. Die Fragen wurden im gleichen Format wie die ADS-Items formuliert und fortlaufend durchnummeriert und anhand der gleichen Antwortkategorien wie die ursprünglichen ADS-Items beurteilt (siehe Tabelle 11). Die Summenwerte der Manie-Items können somit zwischen 0 und 27 variieren, wobei jugendliche Mädchen im Alter von 14 bis 17 Jahren im Durchschnitt einen Wert von 7,5 (SD = 4,3) und gleichaltrige Jungen einen Wert von 7,2 (SD = 4,2) aufweisen.

Obwohl die Skala ziemlich kurz ist, ist die Reliabilität zufriedenstellend. Wie aufgrund der Literatur zu erwarten war, korrelierten die Depressions- und Manie-Werte positiv miteinander (Meyer & Hautzinger, 2001).

Die ADMS setzen wir zur Zeit im Rahmen einer Behandlungsstudie an Patienten mit bipolaren Störungen ein. Die Patienten füllen die Skala wöchentlich aus. Aufgrund dieser inzwischen fast zweijährigen Erfahrung ist unser Eindruck, dass bei beginnenden Manien bzw. Hypomanien zuerst den aus der ursprünglichen Depressionsskala stammenden vier positiv formulierten Items (z.B. „... dachte ich voller Hoffnung an die Zukunft") voll und ganz zugestimmt wird, bevor die typisch manischen Symptome bejaht werden. Dies erscheint angesichts der Itemschwierigkeit auch nicht verwunderlich.

4.3.2.4 Weitere Selbstbeurteilungsinstrumente manischer Symptome

Es gibt noch andere Selbstbeurteilungsinstrumente manischer bzw. hypomanischer Symptomatik, die jedoch bislang nicht in deutscher Sprache vorliegen, wie z.B. die Altman Self-Rating-Mania Scale (ASRM; Altman, Hedeker, Peterson & Davis, 1997) und Mania-Depression Scale (M-D-Skala; Plutchik, Platman, Tilles & Fieve, 1970).

4.3.3 Schlussfolgerung und Empfehlung

Welche der Selbstbeurteilungsskalen manischer Symptome im konkreten Fall am sinnvollsten ist, hängt letztendlich vom Zweck und der Fragestellung ab. Wenn es um eine tägliche Einschätzung der Stimmung im Rahmen manisch-depressiver Erkrankungen geht, steht die ISS zur Verfügung. Wenn aber der Fokus auf typischen manischen Prodromalzeichen oder Symptomen liegt, ist die MSS oder die ADMS adäquater. Dabei hat die ADMS den Vorteil, dass die depressiven Symptome gleich mit erfragt werden, während die MSS immer mit einer Depressionsskala gekoppelt werden sollte.

4.4 Fremdbeurteilungsverfahren

Fremdbeurteilungen oder Ratings erfordern von einem Beurteiler, in einer bestimmten Situation eine Person hinsichtlich eines gegenwärtigen oder vergangenen Reaktionsausschnitts, der nach vorgegebenen Parametern implizit oder explizit ausgewählt wurde, mit Hilfe von zumindest unspezifizierten Kodierungsregeln einer Beurteilungskategorie auf einer Skala zuzuordnen (Baumann & Seidenstücker, 1977). Bei genauer Betrachtung ist die Unterscheidung in Selbst- und Fremdbeurteilungen künstlich. Fremdbeurteilungen beruhen i.d.R. auf der (meist unsystematischen) Verhaltensbeobachtung im klinischen Interview, aber im wesentlichen auf berichtetem Erleben und berichtetem Verhalten. Das heißt, dass auch in Fremdbeurteilungen gehen Selbstbeurteilungen mit ein. Es herrscht eine konzeptuelle Vielfalt bei den Fremdbeurteilungsverfahren, was von einigen auch als Vorteil angesehen wird (Stieglitz, Ahrens und Freyberger, 2001). Es lassen sich ein- und mehrdimensionale, globale oder additive, Kurz- und Langskalen für die unterschiedlichsten Bereiche unterscheiden.

Fremdbeurteilungen erfordern Kenntnis des Patienten und schätzen den Schweregrad einer affektiven Störung ein

Fremdbeurteilungsverfahren affektiver Symptome erlauben den Klinikern, anhand der Angaben der Patienten und eigener Beobachtungen die Schwere einer affektiven Episode zu beurteilen. Diese Einschätzungen beruhen prinzipiell auf derselben Datenbasis wie die Selbstbeurteilungsskalen, den verbalen Angaben der Patienten. Die Objektivität und Reliabilität der Fremdbeurteilungen affektiver Symptome lässt sich dadurch verbessern, dass die erforderlichen Informationen anhand eines strukturierten Befragungsleitfadens erhoben werden. Dies setzt ein Training voraus, was sich günstig auf die Qualität der Fremdbeurteilung auswirkt.

Die Tabellen 17 und 18 fassen Fremdbeurteilungsinstrumente für depressive bzw. für manische Symptomatik zusammen. Die psychometrischen Kennwerte der Instrumente (zumindest bei den depressiven Störungen)

Tabelle 17:
Fremdbeurteilungsinstrumente für depressive Symptome

Verfahren (Autoren)	Kennzeichen	Güte-kriterien R V	Durch-führungs-zeit: Min.	Vergleichs-werte N C
Hamilton Depressionsskala HAMD (CIPS, 1996)	21 Items 1 Skala	+ +	20–30 Interview	ø +
Bech-Rafaelsen-Melancholie Skala BRMS (Stieglitz et al., 1998)	11 Items 1 Skala	+ +	15–20 Interview	ø +
Montgomery-Asberg-Depressions-Rating-Skala MADRS (CIPS, 1996)	10 Items 1 Skala	+ ø	15–20	ø +
Rush-Inventar Depressiver Symptome IDS (Hautzinger & Bailer, 1999)	28 Items 1 Skala	+ +	20–30	ø +

Anmerkungen: R: Reliabilität, V: Validität, N: Normen, C: Cut off Werte, + ausreichende empirische Studien mit guten, zugänglichen Ergebnissen, ø Hinweise auf Testgüte, doch weitere Überprüfungen notwendig, – keine bzw. unzureichende Angaben.

Tabelle 18:
Fremdbeurteilungsverfahren für hypomanische und manische Symptome

Verfahren (Autoren)	Kennzeichen	Güte-kriterien Rel. Val.	Durch-führungs-zeit: Min.	Vergleichs-werte N C
Bech-Rafaelsen-Manie-Skala BRMAS (CIPS, 1996)	11 Items 1 Skala	+ +	Keine genauen Angaben	(+) –
Young Mania Rating Scale YMRS (Young et al., 1978)	11 Items 1 Skala	+ + + +	20–30 Interview	(+) (+)

Anmerkungen: R: Reliabilität, V: Validität, N: Normen, C: Cut off Werte, + ausreichende empirische Studien mit guten, zugänglichen Ergebnissen, (+) es existieren nur Mittelwerte zur deutschen Version und/oder entsprechende Angaben in der Originalliteratur, ø Hinweise auf Testgüte, doch weitere Überprüfungen notwendig, – keine bzw. unzureichende Angaben.

sind meist gut, wobei verschiedene problematische Instrumente, die in Therapiestudien (insbesondere der Industrie) dennoch recht beliebt sind, hier nicht berücksichtigt wurden.

4.4.1 Fremdbeurteilung depressiver Symptome

4.4.1.1 Hamilton Depressionsskala (HAMD)

Klassisches, weitverbreitetes Fremdbeurteilungsmaß

Die HAMD (Hamilton, 1960, 1986) gilt heute als das klassische Fremdbeurteilungsinstrument der Schwere depressiver Symptome, und dies, obgleich die Mehrzahl der Anwender mit den Items (Auswahl, Formulierungen) und den (Abstufung) Beurteilungskategorien unzufrieden sind (Gibbons, Clark, & Kupfer, 1993). Dennoch ist heute kaum eine Depressionsstudie ohne Berücksichtigung der HAMD denkbar.

Die Quantifizierung der Depressionstiefe erfolgt aufgrund 21 depressionstypischer Symptome bei erwachsenen Patienten, bezogen auf die zurückliegende Woche bei 12 Items auf einer drei bzw. vierstufigen Skala (von 0 „keine" bis 3 „schwer, vollständig, extrem usw."), bei 9 Items auf einer fünfstufigen Skala. Es gibt jedoch auch Studien an Jugendlichen ab 16 Jahren und an Hochbetagten bis über 80-Jährigen. Die Konstruktion der Skala erfolgte ursprünglich mit Bezug zu dem Konstrukt der „endogenen Depression". Entsprechend dominieren die somatische und motorische Symptomebene sowie die Berücksichtigung psychotischer Symptome, Tagesschwankungen und Krankheitseinsicht. Die Beurteiler sind ausdrücklich angehalten, nicht allein aufgrund verbaler Äußerungen eines Patienten zu urteilen, sondern eigene und fremde Beobachtungen, motorische Auffälligkeiten und inhaltliche Besonderheiten zu berücksichtigen.

Folgende Syndromanteile sollen so von den Klinikern beurteilt werden: Depressive Stimmung, Schuldgefühle, Suizidalität, Einschlaf-, Durchschlafstörungen, Frühwachen, Arbeitsverhalten, depressive Hemmung, Erregung, Angst (psychisch und somatisch), gastrointestinale Symptome, allgemeine körperliche Beschwerden, Genitalsymptome, Hypochondrie, Gewichtsverlust, Krankheitseinsicht, Tagesschwankungen, Depersonalisation und Derealisation, paranoide Symptome und Zwangssymptome. Oft werden die Items Tagesschwankungen, Depersonalisation, paranoide und Zwangsymptome weggelassen und so eine auf 17 Items verkürzte HAMD eingesetzt.

Ursprünglich sah Hamilton (1960) vor, dass zwei trainierte Kliniker ein Urteil anhand dieser Items über einen depressiven Patienten abgeben. Heute wird empfohlen, dass die Fremdurteile nach einem ca. halbstündigen Interview (es existieren mehrere strukturierte Leitfäden – z.B. Miller et al., 1985; Williams 1988) vorgenommen werden, um die Güte (berichtete Interraterübereinstimmung bis .90) der Beurteilung zu verbessern. In Tabelle 19 sind einige Items der HAMD in Verbindung mit einer Interviewanleitung (nach Williams, 1988) dargestellt.

Trotz der internationalen weiten Verbreitung liegen überraschend wenig publizierte psychometrische Untersuchungen zur HAMD vor. Faktorenanalytische Studien erbringen sehr widersprüchliche Ergebnisse. Normwerte liegen nur für den amerikanischen Sprachraum vor. Die innere Konsistenz erreicht je nach Stichprobe Werte von .52 bis .95 (Hamilton, 1986; Hedlund & Vieweg, 1979). Für die 17-Item-Version der HAMD werden Cronbach's

Wenige psychometrische Untersuchungen, problematische Skala

Tabelle 19:
Itembeispiele und Beurteilungsempfehlungen der Hamilton Depression Skala (HAMD).
Die hier dargestellten Items entsprechen auch den von Faries et al. (2000) empfohlenen
eindimensionalen reinen Subskala „Depressivität" zur Abbildung von Behandlungseffekten

1 DEPRESSIVE STIMMUNG

(Traurigkeit, Hoffnungslosigkeit, Hilflosigkeit, Wertlosigkeit)
Berücksichtigen Sie bei der Beurteilung dieses Items die Intensität und Häufigkeit der depressiven Stimmung. Wichtig ist hierbei, inwieweit depressive Stimmung oder Symptome spontan geäußert werden bzw. das nonverbale Verhalten während des Interviews.

0 Keine
Die 0 ist angezeigt, wenn der Patient jegliche depressive Stimmung für die letzte Woche verneint.

1 Nur auf Befragen geäußert
Eine 1 wird vergeben, wenn der Patient eine leichte depressive Verstimmung für die letzte Woche auf Nachfragen im Interview berichtet (z. B. ein bisschen „down" bei verschiedenen Gelegenheiten, depressive Stimmung nicht andauernd oder schwer). Der Patient erscheint nicht schwer depressiv und beklagt nicht spontan, depressiv zu sein.

2 Vom Patienten spontan geäußert
Die 2 ist angezeigt, wenn der Patient spontan von depressiven Verstimmungen im Interview berichtet und/oder 2 bis 3 Tage depressive Verstimmungen oder Weinen berichtet.

3 Nonverbal ersichtlich, d. h. Gesichtsausdruck, Haltung, Stimme, Neigung zum Weinen
Der Patient erscheint zumindest mäßig depressiv, indiziert durch die oben genannten nonverbalen Signale und/oder berichtet depressive Stimmung an den meisten Tagen.

4 Patient drückt fast ausschließlich diese Gefühle im verbalen und nonverbalen Verhalten aus.
Eine 4 wird vergeben, wenn der Patient schwer depressiv ist, z. B. andauernde, schwer depressive Stimmung fast täglich letzte Woche und/oder der Patient erscheint verbal und nonverbal schwer depressiv während des Interviews.

2 SCHULDGEFÜHLE

0 Keine
Patient berichtet keine Schuldgefühle oder Selbstkritik.

1 Selbstvorwürfe, glaubt Mitmenschen enttäuscht zu haben
Ein Rating von 1 ist gerechtfertigt, wenn er/sie berichtet, selbstkritisch gewesen zu sein oder andere enttäuscht zu haben.

2 Schuldgefühle oder Grübeln über frühere Fehler oder Sünden
Eine 2 wird vergeben, wenn Schuldgefühle berichtet werden, die stärker als bloße Selbstkritik sind, z. B. Patient verbringt einige Zeit mit Grübeln über frühere Fehler oder Handlungen, die jetzt als „sündig" bewertet werden.

3 Jetzige Krankheit wird als Strafe gewertet; Versündigungswahn
Eine 3 bedeutet, dass Schuldwahn berichtet wird oder Patient glaubt, dass er/sie „böse" ist und durch die Krankheit dafür bestraft wird. Man verdiene selbst die Krankheit und das Leiden.

4 Anklagende oder denunzierende Stimmen (akustische Halluzinationen) und/oder bedrohliche visuelle Halluzinationen
Eine 4 ist reserviert für Patienten, die psychotische Symptome erleben (z. B. akustische oder visuelle Halluzinationen), die Themen wie Schuld oder Bestrafung involvieren.

alpha zwischen .73 und .88 berichtet (Baumann, 1976). Die Korrelationen mit globalen Klinikerurteilen und dem HAMD-Summenwert liegen zwischen .70 und .95, während die Zusammenhänge mit Selbstbeurteilungsmaßen erwartungsgemäß niedriger ausfallen und meist unter .60 (berichtete Werte in der Literatur .16 bis .82) liegen, dabei von Lebensalter, Bildung, melancholischen bzw. atypischen Beschwerden der Patienten beeinflusst werden (z. B. Enns et al., 2000).

Hamilton (1960) hat selbst eine 4-Faktorenlösung bei 52% aufgeklärter Varianz vorgeschlagen. Nach Baumann (1976) erscheint eine 1-Faktoren- bzw. eine 2-Faktoren-Lösung ebenfalls angemessen. Dem stimmen auch Hedlund und Vieweg (1979) zu. Sie interpretieren den ersten Faktor als „Allgemeiner Schweregrad der Depression" und den zweiten Faktor als „Angst/Somatisierung".

Faries et al. (2000) konnten an mehreren großen Stichproben zeigen, dass die HAMD mehrere Dimensionen umfasst und bei der Verwendung des Summenwerts der Skala vor allem bei der Beurteilung von Behandlungseffekten das Erkennen von Unterschieden zwischen verschiedenen Behandlungsformen verhindert. Die Autoren schlagen daher ein eindimensionales Effektmaß vor, das vor allem „Depressivität" misst und aus den Items 1, 2, 3, 7 und 10 (siehe Tabelle 19) besteht.

Bezogen auf die 21-Item-Version erzielen stationär behandelte depressive Patienten meist Werte über 24 Punkte. Ein Wert von über 17 Punkten gilt als auffällig und Zeichen für eine milde Symptomatik. Bei der auf 17 Items verkürzten Version gelten bereits Summenwerte ab 14 Punkten als erhöht.

Bei der HAMD überwiegen die somatischen und motorischen Syndromanteile, während motivationale, affektive und vor allem kognitive Symptome einer Depression wenig berücksichtigt werden. Für die Verwendung der HAMD im Rahmen der Beurteilung bipolarer affektiver Störungen muss als problematisch angesehen werden, dass Hypersomnie, Appetit- und Gewichtszunahme nicht erfragt werden. Daher haben Gary Sachs und Mitarbeiter aufbauend auf Williams (1988) den strukturierten Interviewleitfaden für die HAMD genau um diese für die bipolar affektiven Störungen relevanten Items erweitert, den wir inzwischen im Rahmen unserer Therapiestudie einsetzen.

4.4.1.2 Bech-Rafaelsen Melancholie Skala (BRMS)

Die BRMS (Stieglitz, Smolka, Bech & Helmchen, 1998; Bech & Rafaelsen, 1986) wurde aufgrund psychometrischer Analysen aus der HAMD entwickelt. Lediglich sechs HAMD-Items erwiesen sich (entsprechend der Testtheorie nach Rasch) als homogen. Ergänzt wurden diese Items um fünf

Weiterentwickelte Fremdbeurteilungsskalen sind meist besser als das Original

weitere, homogene Items. Die BRMS besteht aus diesen 11 Items, die einheitlich auf einer vierstufigen Skala den Ausprägungsgrad depressiver Symptome abbilden. Der Gesamtwert erlaubt die Beurteilung der Schwere der Depression im Querschnitt und im Verlauf. Ein Interviewleitfaden zur Durchführung der Fremdbeurteilung liegt vor. Die Reliabilitätskennwerte sind hoch. Es liegen zahlreiche Validitätsstudien vor, dabei korreliert die BRMS mit dem BDI .53 (Smolka & Stieglitz, 1999) im mittleren Bereich. Zur Interpretation der Skalenwerte liegen Vergleichs- und Cut-off-Werte vor, die eine Klassifizierung von Patienten hinsichtlich der Depressionstiefe (keine, leichte, mäßige, schwere) erlauben. In Verbindung mit der BRMAS (vgl. 4.4.2.1) kann sie zum Studium bipolarer affektiver Störungen eingesetzt werden und so eine vergleichende Beurteilung manischer und depressiver Episoden ermöglichen.

4.4.1.3 Montgomery-Asberg Depressionsskala (MADRAS)

Die von Montgomery und Asberg (1989) vorgeschlagene Skala zur psychometrischen Beurteilung depressiver Symptome (MADRAS – Montgomery & Asberg, 1989) besteht aus 10 Items, die auf empirischen Wege anhand einer (depressiven) Patientenstichprobe ausgewählt wurden. Die Beurteilung erfolgt aufgrund einer „psychiatrischen Exploration" anhand einer siebenstufigen Skala (0 bis 6) und erlaubt mittels des Gesamtwerts die Abschätzung des Schweregrads einer Depression. Es existieren Anker- und Cut-off-Werte für die Schweregradurteile. Die Reliabilität (Cronbach's alpha = .89 bis .97) ist hoch. Die MADRAS korreliert mit der HAMD mit .70 bis .92 (Müller et al., 2000) und mit dem IDS mit .81 (Corruble et al., 1999). Die deutsche Bearbeitung (Neumann & Schulte, 1988; Schmidtke et al., 1988) zeigte für depressive Patienten unterschiedlicher Ausprägung einen mittleren Wert von 32,5 (der 60 möglichen) Punkten bei einer inneren Konsistenz zwischen .82 und .92 (Maier & Phillip, 1985). Verschiedene Studien haben dieses Fremdbeurteilungsinstrument auch bei der Untersuchung bipolarer affektiver Störungen verwendet (z.B. Calabrese et al., 1999).

4.4.1.4 Inventar depressiver Symptome (IDS)

Eine Alternative zur problematischen Hamilton Depressionsskala

Das von Rush entwickelte Inventar Depressiver Symptome (IDS – Rush et al., 1986; Hautzinger & Bailer, 1999) liegt als Selbst- und als Fremdbeurteilungsinstrument in vergleichbarem Wortlaut vor. Der Anspruch des IDS ist es, das depressive Syndrom in sprachlich besseren Formulierungen als die bislang dargestellten Fremdbeurteilungen vollständig abzubilden und die Schweregradbeurteilungen konkreter, klarer und gleichmäßiger abgestuft zu erlauben (siehe Tabelle 20). Es ist eine echte Alternative zur HAMD.

Die klinischen und psychometrischen Erfahrungen im amerikanischen Sprachraum sprechen eindeutig für die Güte dieses Instruments (Rush et al.,

Tabelle 20:
Itembeispiele aus dem Inventar depressiver Symptome (IDS). Die klinische Beurteilung der Symptome erfolgt mit Bezug auf die zurückliegende Woche.

1. Einschlafschwierigkeiten	3. Stimmung (Verunsicherung, Irritation)
0 Patient brauchte nie länger als 30 Minuten um einzuschlafen. 1 Patient brauchte an weniger als der Hälfte der Woche mindestens 30 Minuten um einzuschlafen. 2 Patient brauchte an mehr als der Hälfte der Woche mindestens 30 Minuten um einzuschlafen. 3 Patient brauchte mehr als die Hälfte der Woche über eine Stunde um einzuschlafen.	0 Patient fühlte sich nicht ängstlich, irritiert. 1 Patient fühlte sich verunsichert, irritiert, doch weniger als die Hälfte der Woche. 2 Patient fühlte sich mehr als die Hälfte der Woche verunsichert, irritiert. 3 Patient fühlte sich praktisch die ganze Woche verunsichert, irritiert.
2. Nächtliches Erwachen	**4. Stimmung (Angst, Verspannung)**
0 Patient erwachte während der letzten Nacht nicht. 1 Patient berichtete von ruhelosem, leichtem Schlaf mit einigen Malen Erwachen. 2 Patient wurde zumindest einmal jede Nacht wach, doch er schlief leicht wieder ein. 3 Patient wurde mehr als einmal pro Nacht während mehr als der Hälfte der Woche wach, und es dauerte mindestens 20 Minuten, bis er wieder einschlief.	0 Patient war nicht verunsichert oder verspannt. 1 Patient war weniger als die Hälfte der Woche ängstlich, verspannt. 2 Patient war mehr als die Hälfte der Woche ängstlich, verspannt. 3 Patient war praktisch die ganze Woche ängstlich, verspannt.

1996). Die innere Konsistenz erreicht Werte von .88 bis .92. Die Korrelation mit der HAMD liegt bei .73 bis .92, mit der SCL 90 Depressivitätsskala bei .84 und mit dem BDI bei .61 bis .85. Im deutschen Sprachraum existiert bislang lediglich die Fremdbeurteilungsversion aus 28 Items (wobei zwei Items nur alternativ beantwortet werden). Bei zahlreichen Anwendungen und Studien hat sich dabei das IDS klinisch und psychometrisch, als Zustands-, Erfolgs- und vor allem auch als Verlaufsmaß bewährt (vgl. Hautzinger & Bailer, 1999; Hautzinger & deJong-Meyer, 1996). In der bislang ausführlichsten Analyse konnte Bailer (1999) zeigen, dass die Itemkennwerte (mittlere Trennschärfe .42 bis .55), Reliabilität (.81 bis .93) und die Validität sehr gut sind. Faktorenanalytisch erscheint es bei einem generierten Faktor sinnvoll, lediglich den Summenwert der Gesamtskala zu interpretieren.

Depressive Patienten erreichen typischerweise Werte von 32 bis 35 (SD 10 bis 11) Punkten. Ein Cut-off-Wert von 20 Punkte darf als Hinweis auf eine mögliche depressive Problematik angesehen werden. Da der Bezugszeitraum des IDS die zurückliegende Woche ist, kann das Instrument z.B. als

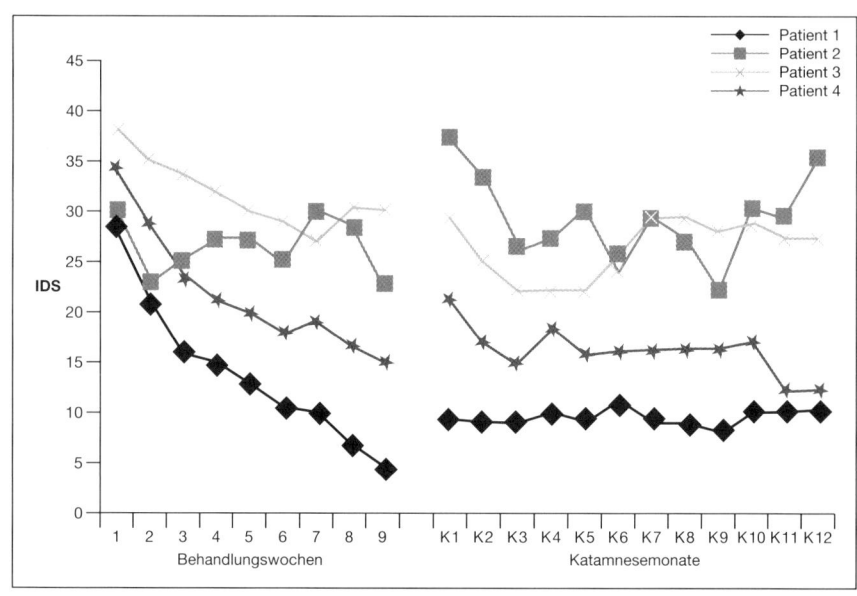

Abbildung 7:
Verlaufsdokumentation von depressiven Patienten während der intensiven (ambulanten oder stationären) Behandlungsphase und daran anschließend während der einjährigen Katamnese (Daten entstammen Hautzinger & deJong-Meyer, 1996, Darstellung aus Bailer, 1999)

wöchentliche Fremdbeurteilung im Therapieprozess eingesetzt und als Verlaufs- bzw. Erfolgsdiagramm verwendet werden (siehe Abbildung 7).

4.4.2 Fremdbeurteilung manischer Symptome

Wenig Auswahl zur Beurteilung der Schwere manischer Symptome

Insgesamt sind 8 Fremdbeurteilungsskalen zur Einschätzung manischer Symptomatik publiziert worden, wobei manche nur Fortentwicklungen oder kleinere Modifikationen früherer Instrumente darstellen (z.B. Altman et al., 1994; Beigel et al., 1971; Murphy et al., 1982). Allen Skalen ist gemeinsam, dass es ihnen darum geht, den Schweregrad der manischen Symptomatik nach erfolgter Diagnosestellung zu bestimmen. Wenn es um hypomanische bzw. manische Symptome geht, dominieren Fremdbeurteilungsskalen zur Einschätzung der Schwere der Symptomatik oder des Verlaufs (vgl. Altman, 1998; Hautzinger & Meyer, 2001). Generell sollte man multimodal vorgehen und verschiedene Perspektiven berücksichtigen.

Es ist unsere Erfahrung, dass eine sog. gemischte Symptomatik häufig anzutreffen ist (vgl. auch Bauer et al., 1994; Cassidy, Forrest, Murry & Carroll, 1998; Johnson & Kizer, 2001). Legt man das sehr restriktive Kriterium des DSM-IV an, dann finden sich nur 5 bis 8 % „gemischter Episoden". Zählt man nur das Item „depressive Stimmung" in der HAMD als Kriterium, steigt die Prävalenz „gemischter Episoden" auf 32 bis 36%. Bei Patienten mit einer bipolaren affektiven Störung ist es deswegen unerlässlich, zeitgleich immer depressive als auch manische Symptome zu erfassen.

4.4.2.1 Bech-Rafaelsen Manie Skala (BRMAS)

Zur Erfassung des gesamten Spektrums affektiver Symptome, haben Bech und Mitarbeiter (1978) als Ergänzung zur Bech-Rafaelsen Melancholie Skala eine Fremdbeurteilungsskala manischer Symptome entwickelt, die 11 Items umfasst (Bech et al., 1986).

Die Items werden anhand einer 5-stufigen Skala beurteilt, die mit spezifischen Ankern versehen ist. Das Item „Stimmung" wird z.B. anhand folgender Stufen beurteilt: 0 = ausgeglichene Stimmung, 1 = Stimmung leicht gehoben, optimistisch, aber der Situation immer noch angepasst, 2 = Stimmung deutlich gehoben, macht Witze, lacht, 3 = eindeutige Hochstimmung, überschwenglich in Benehmen und Sprache, 4 = extreme Hochstimmung, ohne jeden Bezug zur Situation. Die Kodierungen der einzelnen elf Items werden zu einem Gesamtwert aufsummiert. Falls wiederholte Messungen erwünscht sind, sollte die Exploration möglichst immer zur gleichen Zeit stattfinden. Ein strukturierter Leitfaden wie zur BRMS (vgl. Stieglitz et al., 1998) liegt bislang für die Durchführung der BRMAS nicht vor. Das Item 11, bei dem es um „Arbeit und Interessen" geht, hat eine gewisse Sonderstellung, weil es hiervon zwei Varianten gibt, je nachdem, ob man den Zustand des Patienten zum ersten Mal beurteilt oder die BRMAS im Rahmen von Verlaufsmessungen wiederholt einsetzt.

Die von Bech et al. (1979) berichteten Interraterreliabilitäten variieren zwischen .95 und .99, je nachdem, welcher Wert herangezogen wurde. Auch in neueren Studien werden ähnlich hohe Übereinstimmungen zwischen trainierten Beurteilern berichtet (Frank et al., 1999; Johnson et al., 2000). Wenn man das Item „Schlaf" außer Acht lässt, handelt es sich um eine homogene Skala, wobei Licht und Jensen (1997) dem widersprechen. Laut ihren Analysen ist die Annahme einer Additivität der Einzelitems nicht gerechtfertigt.

Trotz dieser Analysen wird international nach wie vor auf die ursprüngliche und vielfach validierte Version zurückgegriffen. Der kombinierte Einsatz mit der Bech-Rafaelsen Melancholie Skala macht dabei Sinn, denn mit den Faktoren Euphorie-Aktivität, Depressivität, psychomotorische Symptome, Reizbarkeit/Feindseligkeit und Schlafprobleme werden die zentralen Aspekte manisch-depressiver Erkankungen abgedeckt (Rossi et al., 2001).

Keine Normwerte verfügbar

Normwerte im engeren Sinne scheinen bislang nicht veröffentlicht worden zu sein, aber aufgrund der Literatur kann ein Wert von <7 als weitgehende Remission bzw. Fehlen bedeutsamer manischer Symptomatik gewertet werden. Umgekehrt ist ein Wert von mindestens 15 ein Indiz für eine ausgeprägte manische Symptomatik, wobei zum Teil auch niedrigere Summenwerte als Anzeichen für eine Manie gewertet werden (z.B. Jensen et al., 1995). Der zeitliche Bezugszeitraum ist ursprünglich auf den Tag der Exploration sowie die letzten zwei Tage und Nächte bezogen, wird aber oft in Analogie zu anderen Instrumenten auf die letzte Woche erweitert.

4.4.2.2 Young Mania Rating Skala (YMRS)

Young und Kollegen hatten das Ziel, eine Ratingskala zu entwickeln, die umfassender als bereits bestehende Skalen sein sollte (Young, Biggs, Ziegler & Meyer, 1978). Gleichzeitig sollte sie kurz und mit expliziten Ankern für die Beurteilungsstufen versehen sein. Die HAMD (Hamilton, 1960) war dabei die Vorlage für die Entwicklung der YMRS. Dieses Instrument erlaubt ebenfalls keine Diagnosestellung, aber ermöglicht eine Einschätzung der Schwere der manischen Symptomatik. Die Auswahl der Items erfolgte anhand von klinischen Beschreibungen der zentralen manischen Symptome, die zugleich das gesamte Spektrum der Schwere abdecken sollen.

Wie die BRMAS hat auch diese Skala 11 Items, deren Schweregrad anhand einer 5-stufigen Skala beurteilt wird, wobei die Punktzahl zwischen 0 und 60 variieren kann. In Abbildung 8 sind einige Itembeispiele der deutschen Fassung der Skala zu sehen. Zwar können auch im deutschen Sprachraum Publikationen gefunden werden, die sich auf die YMRS beziehen (z.B. Richter, Sass & Sauer, 1990), aber offizielle Übersetzungen liegen bislang keine vor.

Während in der BRMAS alle Items anhand der gleichen Beurteilungsskala von 0 bis 4 eingeschätzt werden, gehen in der YMRS einige Items aufgrund der Kodierungen stärker in die Gesamtwertung ein. Die regulären Beurteilungen variieren zwischen 0 und 4, in manchen Fällen jedoch umfassen die fünf Stufen eine Spanne von 0 bis 8. Dies ermöglicht, auch bei schwer gestörten Patienten mit mangelnder Kooperation entsprechende Beurteilungen vornehmen zu können und dies als Anzeichen für eine schwerere Symptomatik zu werten. Es handelt sich dabei um die Items „Reizbarkeit", „Rededrang", „Inhalt" und „Destruktiv-aggressives Verhalten".

Die Skala erwies sich in unterschiedlichen Studien als reliabel, wobei die Interraterkorrelationen auf Itemebene zwischen .63 und .92, und für den Gesamtwert bei bis zu .95 lagen (Altman et al., 1994; Bauer et al., 1991; Young et al., 1978). Im Hinblick auf die Validität sei z.B. erwähnt, dass die Skala zwischen Patientengruppen differenziert, eine Prognose bei Entlas-

Richtlinie zur Verwendung der Skala: Der Zweck jedes Items ist, den Schweregrad der Symptomatik des Patienten einzuschätzen. Wenn mehrere Kennzeichen für eine bestimmte Schwereabstufung vorhanden sind, muss nur ein einziges vorhanden sein, damit diese Kodierung genommen wird! Die zur Verfügung stehenden Kennzeichen sind Richtlinien. Man kann sie ignorieren, falls dies notwendig sein sollte, um den Schweregrad einzuschätzen, wenn dies auch eher die Ausnahme sein sollte. Bei Erfahrung im Umgang mit der Skala, ist es möglich, zwischen den angegebenen Punkten zu werten (ganze oder halbe Punkte). Dies ist besonders nützlich, wenn bei einem Patienten der Schweregrad eines bestimmten Items nicht der in den Kennzeichnungen angegebenen Staffelung folgt.

1. Gehobene Stimmung	2. Erhöhte motorische Aktivität – Energie
0 = Keine 1 = Leicht oder möglicherweise erhöht, wenn nachgefragt 2 = Definitiv subjektiv gehoben; optimistisch, selbstbewusst; fröhlich; dem Zusammenhang angemessen 3 = Gehoben, dem Zusammenhang unangemessen; humorvoll 4 = Euphorisch; unangebrachtes Lachen; Singen ☐	0 = Keine 1 = Subjektiv erhöht 2 = Angeregt; vermehrte Gestik 3 = Übermäßige Energie; zeitweise hyperaktiv; unruhig (kann beruhigt werden) 4 = Motorische Erregung; andauernde Hyperaktivität (kann nicht beruhigt werden) ☐

3. Sexuelles Interesse	4. Schlaf
0 = Normal; nicht erhöht 1 = Leicht oder möglicherweise erhöht 2 = Definitive subjektive Zunahme auf Nachfrage 3 = Spontan sexuelle Themen ansprechend; führt sexuelle Themen aus; nach Selbstaussage hypersexuell 4 = Offene sexuelle Handlungen (gegenüber Patienten, Personal oder Interviewer) ☐	0 = Berichtet keinen Rückgang der Schlafdauer 1 = Schläft bis zu einer Stunde weniger als normal 2 = Schläft mehr als eine Stunde weniger als normal 3 = Berichtet geringeres Schlafbedürfnis 4 = Bestreitet Schlafbedürfnis ☐

Abbildung 8:
Itembeispiele aus der Young Mania Rating Scale (Young et al., 1978)

sung erlaubt, und sich Zusammenhänge zu unabhängigen Urteilen des Pflegepersonals zeigen (z.B. Bauer et al., 1991; Young et al., 1978, Young, Nysewander & Schreiber, 1982, 1983). Die Skala kann auch bei Kindern mit bipolaren Störungen valide und reliabel eingesetzt werden und erlaubt auch eine Abgrenzung hinsichtlich Aufmerksamkeits- und Hyperaktivitätsstörungen (Fristad, Weller & Weller, 1992; 1995). Auch die Zusammenhänge zu Selbstbeurteilungen manischer Symptome sprechen für die Validität der Skala (Altman et al., 1997; Bauer et al., 1991; Cooke et al., 1996; Denicoff et al., 2000). Mit der YMRS werden mehrere Faktoren erfasst: Gehobene Stimmung, Aggressivität und Denkstörungen (Double, 1990).

Tabelle 21:
Gegenüberstellung der Items der Bech-Rafaelsen-Manie Skala (BRMAS) und der Young Mania Rating Skala (YMRS)

BRMAS	YMRS
1. Motorische Aktivität	2. Erhöhte motorische Aktivität/Energie
2. Verbale Aktivität	6. Rededrang (Tempo und Menge)
3. Ideenflucht	7. Sprache – (formale) Denkstörungen
4. Stimme/Lautstärke	
5. Feindseligkeit/Destruktivität	5. Reizbarkeit 9. Aggressives – Störendes Verhalten
6. Stimmung (Gefühl des Wohlbefindens)	1. Gehobene Stimmung
7. Selbstwertgefühl	8. Inhalt (Pläne, Ideen, Wahn)
8. Kontakt	5. Reizbarkeit 9. Aggressives – Störendes Verhalten
9. Schlaf (Durchschnitt der letzten 3 Nächte)	4. Schlaf
10. Sexuelle Aktivität	3. Sexuelles Interesse
11. Arbeit und Interessen	8. Inhalt (Pläne, Ideen, Wahn)
	11. Krankheitseinsicht
	10. Äußere Erscheinung

Interview und Beurteilungsleitfaden verbessert Zuverlässigkeit

Als Grundlage für die Beurteilung sollte ein 15- bis 30-minütiges Interview dienen. Man kann die YMRS aufgrund einer freien Exploration einschätzen, doch empfiehlt sich auch hier der Einsatz eines Interviewleitfadens wie bei der HAMD (z.B. Miller, Bishop, Norman & Maddever, 1985), wodurch die Reliabilität erhöht wird. Ein entsprechender Interviewleitfaden wurde inzwischen erarbeitet (Sachs, 1993; deutsch: Meyer & Hautzinger, 1999). Es werden dabei sowohl subjektive Angaben des Patienten als auch – sofern verfügbar – Berichte des Pflegepersonals oder anderer Informanten berücksichtigt. Der Bezugszeitraum wurde von Young et al. (1978) als die letzten 48 h beschrieben, wobei aktuell eher die letzte Woche als zeitlicher Rahmen genommen wird. In Anlehnung an Bauer et al. (1991) kann ein Wert von kleiner als 5 auf der YMRS als „remittiert" bewertet werden. Als starke Beeinträchtigung kann man einen Wert von größer als 17 betrachten.

5 Funktionale Diagnostik affektiver Störungen

Für die Behandlungsplanung, insbesondere einer kognitiven Verhaltenstherapie, bei unipolaren bzw. bipolaren affektiven Störungen (vgl. Hautzinger, 2000; Meyer & Hautzinger, 2000) ist eine hypothesenorientierte Problemanalyse jenseits der Diagnose (siehe Abschnitt 4.2) und der Bestimmung des Schweregrads (siehe Abschnitte 4.3 bis 4.5) ein wesentlicher Aspekt. Für die Entscheidung ob und wenn ja, welche psychologische Interventionen sinnvoll sind, ist ein verhaltens- und problemanalytisches Herangehen notwendig. Damit werden funktionale Bedingungsgefüge herausgearbeitet, die eine Therapiezielbestimmung und Behandlungsplanung erlauben.

Therapieplanung durch funktionale Diagnostik

5.1 Problemanalyse

Es hat sich dabei bewährt, die Informationserhebung auf zumindest fünf Bereiche zu lenken und mit unterschiedlichen Mitteln Informationen zu erheben.

a) Analyse aktuellen Verhaltens und Handlungabläufe, Tages- und Wochenstruktur, Belastungen und Entlastungen, Verhaltensexzesse, Verhaltensdefizite, angemessenes bzw. unproblematisches Verhalten, Ressourcen: Hierbei stehen die realen Handlungen, das konkrete Verhalten, die Interaktionen oder wie die Verhaltenstheoretiker sagen das „R" (response, reaction) im Mittelpunkt. Dabei gilt es, auffälliges, unauffälliges und auch fehlendes Verhalten zu entdecken, zu beschreiben und im nächsten Schritt dann in Beziehung mit bestimmten situativen Parametern bzw. Auslösern zu setzen. Zur genauen Beschreibung von Verhalten und Handlungen sind Beobachtungen in realen Situationen, also z. B. in der Untersuchungssituation, im Alltag, in der Familie, in der Partnerschaft, auf der Station im Umgang mit Mitpatienten usw. das entscheidende Mittel. Dabei spielen neben der Fremdbeobachtung (Echelmeyer, 2000) vor allem Selbstbeobachtungen (Hautzinger, 2000c), z.B. mittels Tagebücher, Protokollblätter, Tages- und Wochenplänen (siehe Abbildung 9) und Fremdberichte (z.B. durch Angehörige, Arbeitskollegen usw.) eine Rolle.

Analyse aktuellen Verhaltens durch Selbst- und Fremdbeobachtung

	Montag	Dienstag	Mittwoch	Donnerstag	Freitag	Samstag	Sonntag
<8							
8– 9							
9–10							
10–11							
11–12							
12–13							
13–14							
14–15							
15–16							
16–17							
17–18							
18–19							
19–20							
> 20							

Abbildung 9:
Wochenplan

b) Analyse problematischer (Alltags-) Situationen auf horizontaler und vertikaler Ebene: Hierbei geht es darum, die mittels der unter a) genannten Methoden identifizierten problematischen Handlungen (Verhaltensdefizite, Verhaltensexzesse, unpassendes Verhalten) in einen (horizontalen) Zusammenhang mit Auslösern bzw. typischen, diese Handlungen provozierenden bzw. hemmenden Situationen zu bringen. In dem nachfolgenden Beispiel (vgl. S. 83 ff.) ist dies mit Abbildung 11 illustriert. Bezogen auf verschiedene derartige Beispielsituationen gilt es dann zu erkennen, welche kognitiven, also internen Prozesse, wie Einstellungen, Pläne, Haltungen usw. bei der Handlungssteuerung mitspielen. Diese (vertikale) Analyse vervollständigt so das Bild funktionaler Zusammenhänge (siehe dazu Abbildung 12).

c) Analyse der sozialen, familiären, partnerschaftlichen, doch auch kulturellen und physikalischen Umwelt- und Rahmenbedingungen und der möglichen Funktionalität des Verhaltens. Diese Aspekte ergänzen das unter b) Gesagte und stellen es – falls im Einzelfall sinnvoll – in einen größeren Zusammenhang, was bei der Zielformulierung und Behandlungsplanung wichtig sein könnte.

d) Motivationsanalyse einschließlich persönlicher Erklärungskonzepte und Hilfserwartungen: Hierbei geht es darum, die Bereitschaft zur Kooperation, zur Veränderung, doch auch persönliche Krankheitskonzepte und Zielvorstellungen zu erkennen. Bei den affektiven Störungen, insbesondere bei bipolaren Störungen, müssen die Patienten mit einer chronischen, sich phasenweise verschlechternden Erkrankung leben lernen. Völlige Heilung oder die genaue Vorhersage des Beginns einer neuen Krankheitsepisode ist nicht möglich. Haben Patienten derartige Konzepte, dann müssen diese zunächst erkannt und im Behandlungsrahmen korrigiert werden.

e) Analyse bisheriger Selbstmanagementversuche einschließlich bisheriger Behandlungs- und Bewältigungsversuche: Hier geht es vor allem um die Frage, wie es Patienten bislang geschafft haben, mit den Problemen oder auch den schon lange vorhandenen affektiven Störungen zurecht zu kommen. Gerne wird dabei gefragt, was gerade jetzt dazu führt, dass um Hilfe nachgesucht wird.

Analyse der Auslöser, der Selbstkontrolle und der Motivation wichtig

Aufgabe dieser funktionalen Analyse ist es, zentrale Problembereiche („Schlüsselprobleme") und deren Bedingungsgefüge herauszuarbeiten, zu hierarchisieren und einer Ziel- bzw. Therapieplanung zuzuführen. Leitgedanken einer Psychotherapie affektiver Störungen ist nicht „die Depression" oder „die Manie" zu behandeln, sondern Probleme, die die Patienten haben, zu erkennen, zu analysieren, Ziele zu formulieren, Alternativen zu erarbeiten und die Probleme in Kooperation mit dem Patienten schließlich einer Lösung zuzuführen. Die Überwindung von Defiziten, die Ressourcenorientierung und die Bewältigung zentraler Problembereiche entlastet, schafft Struktur, baut Hoffnung auf, aktiviert und macht zugänglich für wei-

Ziele	kurzfristig (z. B. nächste Woche)	mittelfristig (z. B. bis zum Therapie-Ende, ca. 8 Wochen)	langfristig (z. B. in 6 bis 8 Monaten)
Arbeit, Beruf, Ausbildung			
Selbst- und Umweltorganisation			
Freizeitaktivitäten			
Sozialbereich: Partner, Familie, Freunde			
Sozialbereich: Kontaktaufbau, Bekanntenkreis			
Sozialbereich: Nonverbale Fähigkeiten			

Ziele	kurzfristig (z. B. nächste Woche)	mittelfristig (z. B. bis zum Therapie-Ende, ca. 8 Wochen)	langfristig (z. B. in 6 bis 8 Monaten)
Bewertung der eigenen Person			
Bewertung der Umwelt			
Bewertung der Zukunft			
Allgemeines Stimmungsniveau			
Suizidalität			
Medikamenten-, Alkohol-, Drogenmissbrauch			

Abbildung 10:
Zielerreichungsskalierung

tere Veränderungen. Psychotherapie bewirkt über diese problembewältigenden Mechanismen die gut belegten antidepressiven Effekte (Hautzinger, 2000a).

5.2 Ziel- und Therapieplanung

Zur Präzisierung angestrebter Veränderungen, möglicher Ziele bzw. Teilziele ist eine Zielerreichungsskalierung (siehe Abbildung 10) hilfreich. Dabei werden die Ziele für verschiedene Bereiche in Teilziele zerlegt, einer realistischen Zeitvorgabe für die Zielerreichung unterworfen, das therapeutische Vorgehen konkretisiert und verständlich gemacht sowie die Therapiemotivation erhöht. Durch diese Zielerreichungsskalierung kann auf sehr individueller Ebene außerdem der Therapiefortschritt dokumentiert und evaluiert werden. Aufgrund dieser detaillierten Zielformulierung wird die Therapieplanung erleichtert. Bei der Umsetzung der Therapieplanung kann dann auf bewährte Interventionsprogramme zurückgegriffen werden (vgl. Hautzinger, 2000a; Meyer & Hautzinger, 2000). Die Verwendung von Behandlungsmanualen stellt keinen Widerspruch zu einer individuellen Therapieplanung dar. In Abhängigkeit der Fallkonzeption, der Problemanalyse, der Zielformulierung können nur Teile eines Behandlungsprogramms oder eine veränderte Reihenfolge zum Einsatz kommen.

Zielbestimmung vor Therapieplanung

5.3 Fallbeispiel

Für eine Patientin, die nach einem Suizidversuch im Rahmen einer Depression untersucht wurde, ergab sich, dass die depressive Verstimmung, die Antriebslosigkeit, die vegetative Beschwerden und die Perspektivlosigkeit auf dem Hintergrund dysfunktionaler Kognitionen, der Verarmung des sozialen Umfelds und der Entwurzelung aus dem kulturellen Umfeld nachvollziehbar wurde und sich beispielhaft auf der horizontalen (Abbildung 11) bzw. der vertikalen (Abbildung 12) Ebene darstellen ließ (Hautzinger & Eifländer, 1999).

5.3.1 Funktionale Bedingungshypothesen

Der depressiv-hoffnungslose Zustand dieser Patientin ließ sich gut durch die Hypothesen des Verstärkerverlusts und der negativen automatischen Gedanken bzw. ungünstiger Attributionsmuster und dysfunktionaler Überzeugungen erklären. Defizite bei den Problemlösefertigkeiten und interpersonellen Ressourcen spielten keine Rolle. Problematisch wurde es im-

Se	Si	O-Variable	Problemverhalten	Konsequenzen
z. B. sieht ein Paar	Gedanke: „Wie schön wäre es, mit Georg …"	vegetative Labilität durch mangelnden Schlaf und mangelhafte Ernährung	**R kogn.:** „Ich weiß nicht, wie ich ohne ihn leben soll", „Ich kann niemandem mehr trauen", „Ich kann nicht weiterleben" etc. **R phys.:** Herzklopfen, Zittern **R emot.:** Angst, Verzweiflung, Traurigkeit **R mot.:** raucht eine Zigarette nach der anderen	**K− (kurz)** Isst nicht und schläft nicht **K+ (kurz)** Zuwendung durch besorgte Ärzte und Pflegepersonal **K−/ (kurz)** Aufmerksamkeitsumzentrierung weg von der Trennung auf den eigenen (körperlichen) Zustand. Dadurch muss sie den Trennungsschmerz nicht konfrontieren und kann die Illusion einer noch bestehenden Beziehung aufrechterhalten. **K− (kurz)** Verstärkerverlust durch soziale Isolation und Mangel an Aktivitäten **K− (lang)** Der Verlust wird nicht verarbeitet. **K− (lang)** permanente Angespanntheit **K− (lang)** Vermeidung

Abbildung 11:
Horizontale Problemanalyse (Verhalten in Situationen)

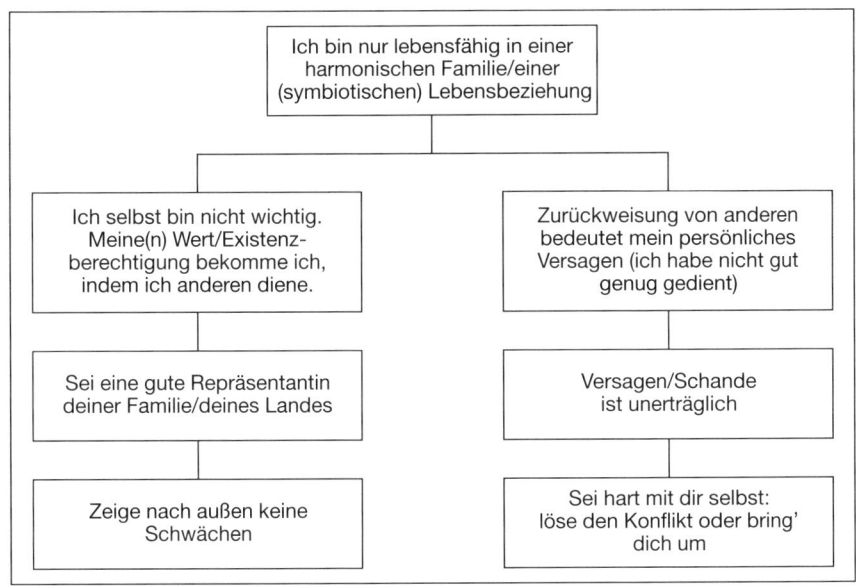

Abbildung 12:
Vertikale Problemanalyse (Plananalyse)

mer dann, wenn es um enge, intime Sozialbeziehungen ging, denn da wirkten ihre Überzeugungen, Annahmen, Werthaltungen blockierend, weniger ihre Unfähigkeit auf der Verhaltensebene.

5.3.2 Zielklärung

Therapieziele waren zunächst die Entlastung und Bewältigung der akuten depressiven Symptomatik, eine bessere Tagesstrukturierung und der Aufbau positiv verstärkender Aktivitäten. Danach ging es vor allem um die Bearbeitung der Schuld- und Schandekognitionen in Bezug auf das eigene Verhalten und bezüglich der Familie, um eine Wiederannäherung an ihre Familie, das Erlernen eines positiveren Umgangs mit sich selbst, das Erkennen von Stärken, das Zulassenkönnen von Schwächen und Fehlern, die Stärkung der Selbständigkeit und Unabhängigkeit, den Aufbau von Sozialkontakten. Die Gestaltung des Alltags unter den Bedingungen des Alleinlebens, den Wiedereinstieg in den Arbeitsprozess, die Bewältigung der Fragen von Vorgesetzten und Kollegen waren weitere Themen. In der Endphase dann die Bearbeitung der interpersonellen Abhängigkeit (symbiotische Tendenzen, Selbstaufgabe), insbesondere bei engen Beziehungen sowie die Erarbeitung alternativer Denk- und Handlungsweisen.

5.3.3 Therapieplanung

Der Behandlungsplan (siehe dazu Hautzinger, 2000a) sah Folgendes vor: Tagesprotokolle, Aktivitätsplanungen, Liste angenehmer Aktivitäten, Selbstbeobachtung von Befinden und Aktivitäten, Aufbau neuer sozialer Kontakte, Rollenspiele zum (abgrenzenden) Umgang mit der eigenen Familie und engen Sozialpartnern, Tagesprotokoll negativer Gedanken (siehe Abbildung 13), Bearbeitung negativer Kognitionen mittels sokratischer Gesprächsführung, Evidenzüberprüfung von Überzeugungen, Alternativen finden und Realitätstesten.

Sobald Sie ein unangenehmes Gefühl oder eine unangenehme Stimmung erleben, sollten Sie hier die Situation bzw. das Ereignis festhalten, das dem Gefühl bzw. der Stimmung vorausging. Danach notieren Sie Ihre automatischen Gedanken.					
Datum	Situation Auslöser	Gefühle Empfindungen	Automatische Gedanken	Realistischere Gedanken	Ergebnis neue Gefühle
	Aktuelle Ereignisse, die zu unangenhmen Gefühlen führen;	Genau angeben (Angst, Wut usw.) Stärke einschätzen 0–100%	Die automatischen, negativen Gedanken angeben, die dem Gefühl vorausgingen oder in Begleitung des Gefühls auftauchen.	Rationale Reaktion auf automatische Gedanken, hilfreiche, freundlichere Gedanken bezogen auf den Auslöser notieren.	Veränderte Gefühle nach berechtigteren, freundlicheren, hilfreichen Gedanken angeben.

Abbildung 13:
Tagesprotokoll für negative Gedanken

6 Ergänzende diagnostische Instrumente

Affektive Störungen zeigen typische Besonderheiten auf kognitiver Ebene. Von zahlreichen Autoren wurden die dysfunktionalen Verarbeitungsmuster, die unberechtigten oder gar irrationalen Einstellungen, die Misserfolgsorientierung, die ungeschickten Attributionsmuster, die pessimistischen, negativen Haltungen bezogen auf die eigene Person, die Zukunft und die Umwelt in den Mittelpunkt der theoretischen Überlegungen zur Entstehung, zur Aufrechterhaltung, doch vor allem der Behandlung von unipolaren Depressionen gestellt (Beck et al., 1996; Hautzinger, 1991; Ingram et al., 1998). Dabei gestaltet sich die objektive Erfassung dieser Prozesse als schwierig. Kognitionen sind private Ereignisse, die sich einer zuverlässigen Erfassung leicht entziehen. Fragebögen haben sich dennoch, wegen ihrer leichten Handhabbarkeit, als beliebte Instrumente durchgesetzt, obgleich es auch Vorschläge zur Erfassung von kognitiven Prozessen über Verhaltensäußerungen und experimentelle Parameter gibt. Andere Theoretiker haben Verhaltensauffälligkeiten und Störungen in der sozialen Interaktion in den Mittelpunkt ihrer Überlegungen zu affektiven Störungen gerückt (Coyne, 1976; Hahlweg, 1991; Lewinsohn, 1974).

Im Sinne einer mehrdimensionalen Diagnostik ist es erforderlich jede, also die affektive, die motorische, die kognitive, die motivationale, die somatische und die interaktionale Ebene affektiver Störungen getrennt, mit spezifischen Messinstrumenten zu erfassen. Zur Erfassung der aktuellen Befindlichkeit sind vor allem die Befindlichkeitsskala (von Zerssen, 1976) oder die Eigenschaftswörterliste (Janke & Debus, 1978) verbreitet. Die somatische Ebene wird häufig durch die Beschwerdenliste (von Zerssen, 1976) bzw. die Freiburger Beschwerdenliste (Fahrenberg, 1994) und objektiver durch psychophysiologische Parameter (EEG, EMG, Cortisol, Neurotransmitterkonzentration) erfasst. Für die Erhebung interaktioneller und partnerschaftlicher Störungen bietet sich der Fragebogen zur Partnerschaftsdiagnostik (Hahlweg, 1996) und direkte Verhaltensbeobachtungen an. Die Verhaltensebene (Motorik, Aktivität) lasst sich durch Verhaltensbeobachtungen, Tagebücher (Selbstbeobachtung), Schritt- bzw. Bewegungszähler (am Bein oder am Gürtel getragene Geräte) oder auch die Messung der Sprechzeit (z. B. Dauer bis Patient von 1 bis 10 gezählt hat). Auf kognitiver und motivationaler Ebene spielen vor allem die Konstrukte „Hoffnungslosigkeit" (Suizidneigung), „Attributionsstile" und „dysfunk-

Mehrdimensionale Diagnostik ist zu fordern

tionale Einstellungen" für affektive Störungen eine zentrale Rolle und sind per Fragebögen erfassbar.

6.1 Erfassung dysfunktionaler Überzeugungen (DAS)

Erfassung von Einstellungen, Überzeugungen, Erwartungen

Die „Dysfunctional Attitude Scale (DAS)" will Einstellungen und Überzeugungen erfassen, die im Sinne Becks kognitiver Depressionskonzeption in Interaktion mit Risikobedingungen und Stressoren zu depressiven Störungen führen. Dysfunktionale Überzeugungen repräsentieren depressionstypische, verzerrte, negative Sichtweisen der eigenen Person, der Umwelt und der Zukunft. Diese Einstellungen werden als stabile Verarbeitungsschemata gesehen, die die Organisation früherer Erfahrungen, die Interpretation neuer Erfahrungen und die Vorhersage zukünftiger Ereignisse bestimmen (Beck et al., 1996).

Die ursprüngliche Skala umfasste 100 Items und wurde dann in zwei Parallelformen zu je 40 Items aufgeteilt. Eine dieser Parallelformen (Form A) wurde in Hautzinger, Luka und Trautmann (1985) für den deutschen Sprachraum adaptiert. Die Tabelle 22 enthält einige typische DAS-Items. Jede Feststellung des Fragebogen soll auf einer siebenstufigen Skala dahingehend beantwortet werden, ob man dieser Einstellung „total zustimmt" oder diese „total ablehnt". Die totale oder starke Zustimmung z.B. zu dem Item 7 „Ich bin nur glücklich, wenn die meisten Leute, die ich kenne, mich bewundern", wird als dysfunktional gewertet. Entsprechend weist ein hoher Summenwert auf deutliche kognitive Verzerrungen und depressionsförderliche Einstellungen hin.

Tabelle 22:
Itembeispiele aus der Skala dysfunktionaler Einstellungen (DAS). Die Items repräsentieren Einstellungen, denen „total zugestimmt" oder die „total abgelehnt" werden können. Die Antwortmöglichkeiten sind siebenstufig zwischen diesen beiden Extremen.

1.	Es ist schwer, glücklich zu sein, wenn man nicht gut ausschaut, intelligent, reich oder kreativ ist.
2.	Glück ist mehr eine Sache, die mit der Haltung mir selbst gegenüber zusammenhängt als mit der Art der Gefühle, die andere für mich haben.
3.	Die Leute denken wahrscheinlich schlecht über mich, wenn ich einen Fehler mache.
4.	Wenn ich nicht ständig gut bin, dann werden die anderen mich nicht achten.
5.	Selbst ein geringes Risiko einzugehen ist dumm, denn wenn man verliert, wird das eine Katastrophe sein.
6.	Es ist möglich, die Achtung einer anderen Person zu gewinnen, ohne für irgendetwas talentiert zu sein.
7.	Ich bin nur dann glücklich, wenn die meisten Leute, die ich kenne, mich bewundern.

Ein als unauffällig anzusehender Summenwert liegt unter 100 Punkten, während Werte über 140 Punkten eher für depressive Patienten typisch sind. Verschiedene klinisch unauffällige Stichproben erzielten mittlere Summenwerte um 80 bis 100 bei Standardabweichungen bis zu 20 Punkten. Verschiedene klinische Stichproben depressiver Patienten wiesen vor einer Behandlung mittlere Summenwerte von 150 bis 170 bei Standardabweichungen bis zu 35 Punkten auf. Nach erfolgreicher Behandlung lagen die mittleren Summenwerte der remittiert Depressiven zwischen 120 und 130 Punkten (Elkin et al., 1989; Hautzinger et al., 1985; Hautzinger & deJong-Meyer, 1996). Auch bei bipolaren Patienten sind solche dysfunktionalen Einstellungen beobachtbar.

Die psychometrischen Gütewerte der DAS sind günstig. Die innere Konsistenz liegt zwischen .87 und .95. Das BDI korreliert mit der DAS mit .71 bis .79. und die Hoffnungslosigkeitsskala korreliert mit der DAS mit .85. Personen mit hohen fatalistischen Haltungen (geringe Internalität und übermächtige andere) weisen ebenfalls hohe DAS-Werte auf. Hauptkomponentenanalysen ergeben meist zwei Faktoren, nämlich „Leistungsbewertung/Perfektionismus" und „Anerkennung durch andere", welche als homogene Subskalen darstellen.

6.2 Depressiver Attributionsstil (ASQ)

Insbesondere das Modell der Erlernten Hilflosigkeit (Abramson et al., 1978) stellt einen ungünstigen Kausalattributionsstil in den Mittelpunkt der

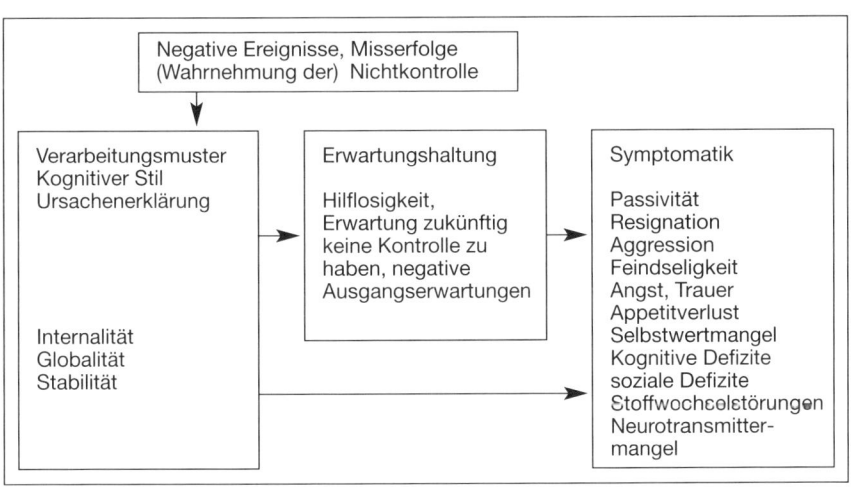

Abbildung 14:
Rolle von Kausalattributionsprozessen in der Depressionsentwicklung
(nach Abramson et al., 1978)

Messung von Attributionsmuster und Attributionsgewohnheiten

Entwicklung bzw. Chronifizierung einer Depression (siehe Abbildung 14). Depressionsförderlich ist ein Attributionsstil dann, wenn negative Ereignisse internal, stabil und global und positive Ereignisse external, variabel und spezifisch verarbeitet werden (Hautzinger, 1991; 1998).

Zur Erfassung der Attributionstendenzen wurde der „Attribution Style Questionnaire (ASQ)" entwickelt, von dem eine deutschsprachige Version existiert (Stiensmeier et al., 1985; Kammer & Stiensmeier-Pelster, 1989). Dieser GASQ (German Attribution Style Questionnaire) besteht aus 16 Items in Form von kurzen Situationsschilderungen, die dann von den Probanden hinsichtlich den drei relevanten Attributionsdimensionen, Internalität, Stabilität und Globablität, zusätzlich zu einer Frage der persönlichen Bedeutung der geschilderten Situation, beantwortet werden sollen. Die 16 Items schildern jeweils zur Hälfte Erfolgs- bzw. Misserfolgsszenen. In der Abbildung 15 ist ein Beispielitem (Misserfolgssituation) dargestellt.

Getrennt für die Erfolgs- bzw. Misserfolgssituationen lassen sich mittlere Werte für die Attributionsdimensionen (Internalität, Stabilität, Globalität)

„Sie sind auf einem großen Fest und kommen mit niemandem ins Gespräch"

1. Welche Hauptursache ziehen Sie für dieses Missgeschick heran?
   _____
   _____

2. Liegt die Ursache für dieses Misslingen eher an Ihnen selbst oder eher in den anderen Menschen oder den Umständen begründet?

| Liegt vollkommen in anderen Menschen oder Umständen begründet | 1 – 2 – 3 – 4 – 5 – 6 – 7 | liegt vollkommen in mir selbst begründet |

3. Wird diese Erklärung in Zukunft auch wieder bedeutsam sein, wenn Sie auf einem Fest mit niemandem ins Gespräch kommen?

| Wird nie wieder Bedeutung haben | 1 – 2 – 3 – 4 – 5 – 6 – 7 | wird immer wieder Bedeutung haben |

4. Trifft diese Ursache nur für Begegnungen mit anderen Menschen auf Festen zu oder gilt sie auch für andere Bereiche ihres Lebens?

| Gilt/beeinflusst nur die beschriebene Situation | 1 – 2 – 3 – 4 – 5 – 6 – 7 | gilt für alle Lebensbereiche |

5. Welche Bedeutung hätte es für Sie, auf einem großen Fest mit niemandem ins Gespräch zu kommen?

| Hat überhaupt keine Bedeutung | 1 – 2 – 3 – 4 – 5 – 6 – 7 | hat eine sehr große Bedeutung |

Abbildung 15:
Beispielitem (Nr. 15) für Misserfolgssituation des deutschsprachigen „Attribution Style Questionnaire" (GADQ)

doch auch ein Attributionsgesamtwert für Misserfolg bzw. Erfolg berechnen. Die Korrelationen dieser Attributionswerte mit Depressionsmaßen (BDI) liegen im mittleren bis unteren Bereich (negative Situationen: .30 bis .48; positive Situationen: –.22 bis –.24), doch sind theoriekonform (Kammer & Stiensmier-Pelster, 1989,). Geschlechtsunterschiede sind minimal, doch messen Frauen den negativen Ereignissen eine höhere Bedeutung zu. Die beiden Bewertungsstile für positive bzw. negative Ereignisse korrelieren ausgeprägt miteinander (.50). Die innere Konsistenz des GASQ ist mit .69 bis .81 zufriedenstellend, wobei die Einzeldimensionen z.T. geringere Homogenitätswerte aufweisen. Die Stabilität (Re-Test über 4 Monate) ist mit .82 für die negativen Situationen hoch und für die positiven Situationen mit .68 noch befriedigend.

Im Vergleich der Attributionsstile depressiver Patienten mit Kontrollpersonen zeigt sich, dass deutliche (hoch signifikante) Unterschiede bezüglich der Verarbeitung von Misserfolgssituationen bestehen. Depressive Patienten erzielen für diese negative Situationen einen mittleren Gesamtwert (gemittelt über 8 Miterfolgssituationen und drei Kausalattributionsdimensionen) von 5 bis 6 (SD 0.6), während nicht-psychiatrische Krankenhauspatienten, schizophrene Patienten und gesunde Probanden mittlere Werte von 3 bis 4 (SD 0.5) auf der siebenstufigen Skala angeben. Die Attributionsstile für positive Ereignisse trennt nicht für die verschiedenen Patientengruppen. Diese wiederholt gefundenen Ergebnisse haben dazu geführt, dass die ASQ vor allem bezogen auf die 8 Misserfolgssituationen ausgewertet bzw. sogar nur angewandt wird (Peterson & Seligman, 1984).

Die Attributionstendenzen, insbesondere für Misserfolgssituationen, haben sich in verschiedenen prospektiven bzw. High-Risk-Studien als prädiktiv für Stimmungsverschlechterung bzw. die Entwicklung einer depressiven Störung erwiesen (Alloy et al., 2000; Ingram et al., 1998; Kammer & Stiensmeier-Pelster, 1989; Peterson & Seligman, 1984), und – wie bereits erwähnt – könnte ein entsprechender Attributionsstil für positive Ereignisse analoge Bedeutung für hypomanische bzw. manische Symptome haben (Alloy et al., 1999).

Inzwischen liegt auch ein Attributionsstilfragebogen für Kinder und Jugendliche vor (Stiensmeier-Pelster et al., 1994), der für die Altersgruppe von 8 bis 16 Jahren gedacht ist. Dieser ASF-KJ folgt demselben Konstruktionsprinzip wie der GASQ (16 kurze Szenen, 8 Misserfolgs- und 8 Erfolgssituationen) und weist ähnliche Gütekriterien auf. Die Bearbeitungsdauer liegt vor allem bei jüngeren Kindern bei 40–45 Minuten. Dies verwundert nicht, da oft noch Erwachsene mit den Fragen nach Kausalattributionen Schwierigkeiten haben.

Attributionsstilfragebogen auch für Kinder und Jugendliche verfügbar

6.3 Erfassung von Hoffnungslosigkeit (HS)

Die Skala zur Erfassung von Hoffnungslosigkeit (HS) wurde von Beck, Weissman, Lester und Trexler (1974) vorgeschlagen, um eine generalisierte negative Erwartung über sich selbst und das zukünftige Leben zu erfassen. Obwohl dieses Konzept im Rahmen von Depressionen und Suizidalität einen besonderen Stellenwert hat, betont Krampen (1994), dass Hoffnungslosigkeit ein sekundäres Symptom darstellen kann, das im Zusammenhang mit vielen psychischen, aber auch somatischen Erkrankungen eine Rolle spielt.

Hoffnungslosigkeit und Suizidalität gehen eng zusammen

Abramson et al. (1989) postulieren sogar eine Subgruppe depressiver Störungen als „Hoffnungslosigkeitsdepression". Sie gehen dabei davon aus, dass bei dieser Gruppe depressiver Störungen belastende Lebensbedingungen und die negativen Kausalattributionen (siehe Abschnitt 6.2) dieser aversiven Ereignisse zu einem Zustand der Hoffnungslosigkeit führen, was dann in Verbindung mit fehlender sozialer Unterstützung und mangelhaften Bewältigungsstrategien zur Depression führt. Der Zustand der Hoffnungslosigkeit stellt dabei eine proximale, also kritischere Bedingung zur Depression dar, als die distaleren Belastungen und Attributionsmuster.

Die deutschsprachige Fassung der HS lehnt sich eng an das amerikanische Original an (Krampen, 1979). Es handelt sich um 20 Items (Itembeispiele, siehe Tabelle 23), die mit richtig oder falsch beantwortet werden. Den meisten internationalen Publikationen (z.B. Alloy et al., 2000) liegt diese Version zugrunde. Krampen (1994) hat eine verkürzte Form mit 10 Items entwickelt, für die auch eine entsprechende Parallelversion existiert. Aus verschiedenen Gründen, u.a. wegen der schiefen Werteverteilung und dem Ziel, sie auch in nicht-klinischen Studien verstärkt einsetzbar zu machen,

Tabelle 23:
Die Hoffnungslosigkeits-Skala (HS) nach Beck et al. (1974) und Krampen (1994).
Die Fragen werden mit „falsch" bzw. „richtig" beantwortet. Die Beantwortung in der angegebenen Weise („f" bzw. „r") zählen in Richtung Hoffnungslosigkeit

1.	Ich blicke mit Optimismus und Begeisterung in die Zukunft (f)
2.	Häufig möchte ich alles hinschmeißen, weil ich es doch nicht besser machen kann (r)
3.	Wenn einmal alles schief läuft, geht es mir besser, wenn ich daran denke, dass es ja auch wieder aufwärts gehen kann (f)
4.	Ich kann mir nicht vorstellen, wie mein Leben in 10 Jahren aussehen wird (r)
5.	Ich habe genug Zeit, um die Sachen, die mir Spaß machen, zu tun (f)
6.	Das, womit ich mich im Moment am meisten beschäftige, wird mir in Zukunft Nutzen bringen (f)

wurde die HS modifiziert. Die revidierte deutsche Fassung umfasst ebenfalls 20 Items. Diese Items werden anhand einer 6-stufigen Skala von „diese Aussage ist sehr falsch" bis „diese Aussage ist sehr richtig" beantwortet. Zwar scheint diese Version stärker diagnostisch zu differenzieren, aber für schwer depressive oder kognitiv beeinträchtigte Patienten (z.B. bei deutlichen Entscheidungsproblemen) ist das ursprüngliche dichotome Skalenformat einfacher.

Normen liegen zwar erst ab dem Alter von 18 Jahren vor, aber der Einsatz scheint auch bei jüngeren Personen möglich. Die interne Konsistenz liegt bei .86. Der mittlere Wert für die HS (mit den „richtig/falsch" Antwortmöglichkeiten) liegt bei jugendlichen Patienten bei 5.85 (SD = 8.36). Diejenigen, die als suizidal eingestuft wurden, hatten im Durchschnitt einen Wert von 14.30 (SD = 7.47).

Auch wenn die HS im Kontext der Depressionsforschung entwickelt wurde, eignet sie sich sowohl für die Status- als auch Prozessdiagnostik bei Patienten mit den unterschiedlichsten Problemkonstellationen, die auch rein somatischer Natur sein könnten (z.B. Onkologie). Krampen (1994) ermöglicht sogar für die deutsche Version eine Auswertung, falls einzelne Items nicht beantwortet wurden. Die Skala ist reliabel und erweist sich in unterschiedlichen Stichproben für kurze Zeiträume auch als hoch stabil (Krampen, 1994). Für die Gesamtskala (deutsche Form) gilt, dass bereits ab einem T-Wert von 55 eine genauere diagnostische Abklärung bezüglich Suizidalität und Depressivität vorzunehmen ist.

Da die Items der HS ihren Schwerpunkt auf der Erfassung kognitiver Prozesse haben und körperlich-physiologische Symptome fehlen (wie z.B. Veränderungen im Appetit oder Schlaf etc.), scheint die H-Skala manchmal besser zwischen depressiven und anderen (z.B. internistischen) Patienten zu differenzieren als klassische Depressionsmaße wie der BDI (z.B. Räder, Krampen & Sultan, 1990). Die Korrelationen der HS zum BDI variieren zwischen .53 und .72, wobei die Zusammenhänge zu aktueller Suizidalität oder Anzahl bisheriger Selbstmordversuche meist höher liegen. Es konnte z.B. gezeigt werden, dass Hoffnungslosigkeit auch dann noch mit Suizidgedanken assoziiert ist, wenn man aktuelle Depressivität (z.B. über den BDI) kontrolliert (z.B. Steer, Kumar & Beck, 1993).

Verfälschungstendenzen (wie z.B. Soziale Erwünschtheit, Dissimulation) hängen zwar stark vom jeweiligen Kontext der diagnostischen Untersuchung ab, aber insgesamt gibt es keine systematischen Zusammenhänge zwischen solchen Tendenzen und der HS. Zahlreiche Studien zeigen, dass die HS ein zentrales Element ist, wenn es um typische dysfunktionale kognitive Prozesse geht, wie sie im Rahmen der Depressionsforschung untersucht werden.

6.4 Erkennen von Suizidalität

Hohes Risiko für Selbsttötungstendenzen

Affektive Störungen weisen ein hohes Risiko für Selbsttötungstendenzen auf. Selbstmordraten bei Vorliegen einer affektiven Störung wurden lange Zeit auf bis zu 15% geschätzt (z.B. Goodwin & Jamison, 1990; Guze & Robins, 1970). Neuere Untersuchungen kommen zu etwas niedrigeren Zahlen, nämlich 3,4 bzw. 8% (z.B. Blair-West, Castor, Mellsop & Exeson-Annan, 1999; Bostwick & Pankratz, 2000; Inskip et al., 1998). Die Gründe für diese Unterschiede liegen u.a. darin, dass die diagnostischen Gepflogenheiten sich verändert haben, unterschiedliche Kriterien herangezogen werden, früher epidemiologische Daten fehlten und die Schätzungen auf hospitalisierten Patienten basierten. Die Raten sind bei ambulanten Patienten niedriger, und wenn man nicht nur vollendete Taten zählt, steigen die Zahlen deutlich. In der Allgemeinbevölkerung dachten fast 14% irgendwann in ihrem Leben ernsthaft an Suizid, und fast 4% hatten einen Plan (z.B. Kessler, Borges & Walters, 1999). Ähnliche Zahlen werden auch für Jugendliche berichtet (z.B. Fergusson & Lynskey, 1995). Angst, Degonda und Ernst (1992) berichten für die Schweiz, dass fast 4% der 20- bis 30-Jährigen irgendwann einmal einen Selbstmordversuch unternommen haben.

Laut Jamison (2000) scheinen Suizide bei unipolaren Depressionen nur geringfügig häufiger zu sein als bei Patienten mit bipolaren Störungen. Lester (1993) kommt in seiner Metaanalyse zu einer ähnlichen Schlussfolgerung, wenn es um erfolgte Selbstmorde geht. Ein umgekehrter Trend ist zu beobachten, wenn es um Selbstmordversuche geht. Suizidversuche sind bei bipolaren Patienten häufiger, wobei etwa 25% von mindestens einem Versuch berichten (z.B. Chen & Dilsaver, 1996; Jamison, 2000). Jamison (2000) äußert in diesem Kontext die Vermutung, dass vor allem depressive Patienten, bei denen hypomanische Symptome bzw. Episoden auftreten, die aber oft nicht berichtet und dadurch übersehen werden, ein erhöhtes Risiko für Selbstmordversuche haben. In einer älteren Studie von Dunner, Gershon und Goodwin (1976) zeigte sich, dass die Prävalenz von Suiziden besonders bei diesen Bipolar-II-Patienten hoch war. Der Grund ist das Dominieren der depressiven Symptomatik und der häufig chronischere Verlauf mit weniger euthymen Phasen. Dies unterstreicht noch einmal die Wichtigkeit, hypomanische Symptome in ihrer Bedeutung nicht zu unterschätzen. Bislang liegen hierzu aber nur wenige gesicherten Daten vor (Lester, 1993). Definitiv finden die meisten Suizidversuche bipolarer Patienten in depressiven oder gemischten Episoden statt, aber auch während oder kurz nach Manien mit psychotischen Symptomen (z.B. Isometsa, Henriksson, Aro & Lonnquist, 1994; Oquendo et al., 2000).

Ein wichtiger Aspekt in der Depressionsdiagnostik ist die Abschätzung des akuten Suizidrisikos. Es gibt dabei unterschiedliche Aspekte, die zu beachten sind, da es allgemeine und spezifischere Prädiktoren gibt. Nicht alle

Tabelle 24:
Zusammenstellung von Risikofaktoren für Selbstmordgefährdung

1. Allgemeine Faktoren	Ja	?	Nein
Höheres Lebensalter	☐	☐	☐
Geschlecht: Frauen begehen häufiger Suizidversuche (Achtung!: Männer sterben häufiger durch Suizid)	☐	☐	☐
Alleinlebend	☐	☐	☐
Unverheiratet	☐	☐	☐
Einsamkeit, fehlendes soziales Netz	☐	☐	☐
Psychiatrische Erkrankungen, u.a. affektive Störungen, gemischte Episode	☐	☐	☐
Persönlichkeitsstörungen	☐	☐	☐
Massive Schlafstörungen (z.B. längere Phasen von Schlaflosigkeit)	☐	☐	☐
Trennung oder andere zwischenmenschliche Verluste	☐	☐	☐
Ggf. protektiv: Verpflichtungen gegenüber Dritten (z.B. Kinder)	☐	☐	☐
Belastende Lebensereignisse (u.a. Arbeitsplatzverlust)	☐	☐	☐
Kürzliche Entlassung aus einer psychiatrischen Klinik	☐	☐	☐
Jahreszeitliche Schwankungen, v.a. Frühjahr (Mai) und Herbst (Oktober/November)	☐	☐	☐
2. Spezifische Faktoren	**Ja**	**?**	**Nein**
Belastende Lebensereignisse (u.a. Arbeitsplatzverlust)	☐	☐	☐
Selbstmordversuche in der Anamnese des/der Betroffenen	☐	☐	☐
Selbstmordversuche oder Suizide in der familiären Anamnese	☐	☐	☐
Impusivität, v.a. im Zusammenhang mir früheren Suiziden	☐	☐	☐
In letzter Zeit wiederholt Gedanken an Tod oder Selbstmord oder der Wunsch zu sterben	☐	☐	☐
Wiederholte Anspielungen auf den Tod	☐	☐	☐
Androhung von Selbstmord	☐	☐	☐
Selbstmordabsichten werden gegenüber spezifischen Dritten (z.B. nur einem bestimmten Freund, nur dem Therapeuten) geäußert	☐	☐	☐
Abschiedsbrief existiert	☐	☐	☐
Zunahme in der Schwere bzw. Gewalttätigkeit der Selbstmordversuche	☐	☐	☐
Vorsichtsmaßnahmen gegen das Entdeckt-werden eines geplanten Suizids eruierbar	☐	☐	☐
Ein konkreter Selbstmordplan liegt vor, Vorbereitungen wurden oder werden getroffen (z.B. Testament, Abschiedsbrief)	☐	☐	☐
Verfügbarkeit oder Umsetzbarkeit der Methode ist gegeben (z.B. Waffe, Medikamente)	☐	☐	☐
Medizinisches Hintergrundwissen ist vorhanden und wird berücksichtigt	☐	☐	☐
Plötzliche Stimmungsänderungen (positiver wie negativer Art)	☐	☐	☐
Wenn eine schwere depressive Episode beginnt oder abklingt	☐	☐	☐
Starke Schuldgefühle	☐	☐	☐
Hoffnungslosigkeit	☐	☐	☐
Gefühl von Wertlosigkeit	☐	☐	☐
Anhedonie bzw. Verlust der Lebensfreude	☐	☐	☐
Massive Ängste	☐	☐	☐
Subjektiv existieren wenig Argumente für ein Weiterleben bzw. Pro-Argumente für einen Suizid überwiegen deutlich	☐	☐	☐
Patient schildert solche Überlegungen und Pläne sehr gelassen und relativ emotionslos, als ob ein „rationaler" Entscheidungsprozess stattgefunden hätte	☐	☐	☐

Risikofaktoren sind dabei unbedingt in wiederholten empirischen Studien repliziert worden, sondern geben oft primär die klinische Erfahrung wider. Aufgrund der Literatur (z.B. Dorrmann, 1991; Jamison, 2000; Linehan, 1981) haben wir in Tabelle 24 zum einen Merkmale aufgeführt, die generell das Risiko für einen Suizidversuch erhöhen, wie z.B. Geschlecht, höheres Lebensalter, Einsamkeit, aber auch spezifischere Aspekte wie z.B. Suizidversuche in der Vorgeschichte. Anhand einer solchen Liste kann man versuchen, das aktuelle Risiko für einen Selbstmordversuch abzuschätzen. Die Übersicht erlaubt zudem herauszufinden, welche Informationen bereits vorliegen und welche noch fehlen.

Es ist wichtig, dabei zu beachten, dass diese Zusammenstellung von Faktoren sehr unterschiedliche Populationen umfasst und nicht alle Risikofaktoren immer die gleiche Relevanz haben. Es gibt z.B. die Hypothese, dass eine Person durch suizidale Intentionen und Verhaltensweisen in der Vorgeschichte für solche Gedanken sensibilisiert wird, so dass sie in ähnlichen oder anderen Krisensituationen schneller und häufiger wieder Selbstmordgedanken, -phantasien oder auch Suizidpläne haben wird (z.B. Beck, 1996; Post et al., 1996). Dazu passt das Ergebnis, dass kritische Lebensereignisse und Stress für das Ausmaß an Selbstmordgedanken und -absichten bei Personen mit mehreren früheren Suizidversuchen kaum (noch) eine Rolle spielt, während ein deutlicher Zusammenhang bei Personen zu beobachten ist, die zum ersten Mal einen Suizidversuch unternommen haben oder „nur" Suizidgedanken hatten (Joiner & Rudd, 2000). Ähnliche differentielle Aspekte gilt es zu berücksichtigen, wenn es z.B. um die Abschätzung „parasuizidalen" Verhaltens geht, d.h. wenn es um das Risiko für beabsichtigtes selbstverletzendes Verhalten geht, das in der Schwere von leichten Verletzungen bis zur akuten Lebensgefahr reichen kann, jedoch nicht mit der definitiven Intention einer geht, sich umzubringen. Hier scheint Hoffnungslosigkeit als globales Konzept nicht der zentrale Punkt zu sein, sondern die subjektiv eingeschätzten Bewältigungsfähigkeiten (z.B. Strosahl, Chiles & Linehan, 1992).

Suizidrisiko abschätzen anhand von Risikolisten

Selbstmordversuche sind oft vermeidbar, und der erste Schritt der Prävention ist, durch das Wissen um entsprechende Risikofaktoren diejenigen mit einem erhöhten Risiko zu identifizieren. Es ist dabei für die Risikoabschätzung wichtig, das Thema mit dem Gegenüber direkt und offen anzusprechen und der Intensität der Suizidabsichten, der subjektiven Motivation zum Sterben, sowie der Gefährlichkeit früherer Versuche besondere Beachtung zu schenken.

7 Depressionsinstrumente für spezielle Zielgruppen

Valide Beurteilungsverfahren depressiver Symptomatik sind für verschiedene Zielgruppen (z.B. ältere Patienten, Kinder, Jugendliche) entwickelt worden. Depressive Symptome zählen im höheren Lebensalter mit zu den häufigsten psychischen Auffälligkeiten (Bickel, 1997). Für diese oft mit zahlreichen anderen, meist chronischen Erkrankungen bzw. kognitiven Veränderungen konfrontierte Patientengruppe sind spezifische Skalen zu fordern. Entsprechend sind alters- und zielgruppengerechte Instrumente für den Einsatz bei Kindern und Jugendlichen zu entwickeln. Fast alle bislang besprochenen Selbst- und Fremdbeurteilungsverfahren sind für den in der Regel von 18 bis 65 Jahren reichenden Lebensabschnitt ausgelegt und auch nur dafür validiert worden. Zwar gibt es einige günstige Berichte bezüglich der Anwendung des BDI bzw. der HAMD auf betagte Patienten bis weit über 80 Jahre (z.B. Gallagher, Thompson, Steinmetz & Breckenridge, 1987) bzw. auf jugendliche Stichproben (z.B. Lewinsohn, Hops, Robert,

Tabelle 25:
Ergänzende Depressionsbeurteilungsskalen

Verfahren (Autoren)	Kennzeichen	Gütekriterien		Durchführungszeit: Min.	Vergleichswerte	
		R	V		N	C
Geriatrische Depressions Skala GDS (Gauggel & Birkner 1998)	30 Items 1 Skala Kurzform: 15 Items	+	+	15 5–7	ø	+
Depressionstest für Kinder DTK (Rossmann, 1993)	55 Items 3 Skalen: Dysphorie, Agitiertheit, Somatik	+	+	10–20 für 9- bis 14-Jährige	+	+
Depressionsinventar für Kinder und Jugendliche DIKJ (Stiensmeier-Pelster et al., 1989)	27 Items 1 Skala	+	+	15–20 für 8- bis 17-Jährige	+	+

Anmerkungen: R: Reliabilität, V: Validität, N: Normen, C: Cut off Werte, + ausreichende empirische Studien mit guten, zugänglichen Ergebnissen, ø Hinweise auf Testgüte, doch weitere Überprüfungen notwendig, – keine bzw. unzureichende Angaben.

Spezielle Depressionstest für junge und alte Patienten

Seeley, Rohde, Andrews & Hautzinger, 1992), doch fehlen systematische Studien zur Reliabilität und Validität der vorgestellten Instrumente in diesen Zielgruppen. Einige Neuentwicklungen an speziellen Selbstbeurteilungsskalen liegen jedoch inzwischen vor und sollen im Folgenden kurz vorgestellt werden. Eine Übersicht über die Gütekriterien und Kennzeichen der Instrumente sind in Tabelle 25 zusammengefasst.

7.1 Geriatrische Depressionsskala (GDS)

Die zur Geriatrischen-Depressions-Skala (GDS – Yesavage et al., 1983; Gauggel & Birkner, 1998) bislang vorliegenden Studien lassen den Schluss zu, dass es sich bei der GDS um ein reliables (Retest: .85; Testhalbierung: .94), homogenes (innere Konsistenz: .87 bis .94) und trennscharfes (mittlerer Wert: .56) Selbstbeurteilungsverfahren zur Erfassung depressiver Symptome (Screening) bzw. zur Beurteilung der Schwere einer Depression bei älteren Menschen handelt. Hohe Korrelationen (.83, .85 und .84) mit dem SDS, dem BDI bzw. der HAMD weisen darauf hin, dass Konstruktvalidität gegeben ist. Die GDS umfasst 30 Items, die Kurzform 15 Items. (Itembeispiele, siehe Tabelle 26).

Die kritischen Werte für Depressionen liegen zwischen 11 und 14 (Kurzform: 5 bis 7). Bei dem Cut-off-Wert von 14 ergibt sich eine Sensitivität von 80% und eine Spezifizität von 100%. Eine Anwendung zur Verlaufs- bzw. Erfolgsmessung ist möglich.

Tabelle 26:
Itembeispiele aus der Kurzform der Geriatrischen Depressionsskala (GDS)

1. Sind Sie im Wesentlichen mit Ihrem Leben zufrieden?	Ja	Nein
2. Haben Sie viele Ihrer Interessen und Aktivitäten aufgegeben?	Ja	Nein
3. Haben Sie das Gefühl, dass Ihr Leben leer ist?	Ja	Nein
4. Sind Sie oft gelangweilt?	Ja	Nein
5. Schauen Sie zuversichtlich in die Zukunft?	Ja	Nein
6. Sind Sie besorgt darüber, dass Ihnen etwas Schlimmes zustoßen könnte?	Ja	Nein

Eine Alternative zur GDS stellt die ADS (Allgemeine Depressionsskala – Tabelle 6) dar. Dieser Fragebogen wird von älteren Patienten gut akzeptiert, rasch ausgefüllt und hat sich als Verlaufsmaß (wöchentliche Dokumentationen) in der Einzel- und in der Gruppentherapie gut bewährt (Hautzinger, 2000b).

7.2 Depressionstest für Kinder (DTK)

Der DTK (Rossmann, 1993) will die aktuelle depressive Befindlichkeit bei Kindern zwischen 9 und 14 Jahren erfassen. Insgesamt 55 einfach formulierte Items (siehe Tabelle 27) bieten die Möglichkeit, das Befinden der Kinder auf drei Subskalen abzubilden: Dysphorische Stimmung und Selbstwertprobleme, Tendenzen zu agitiertem Verhalten, Müdigkeit und andere psychosomatische Aspekte des depressiven Syndroms. Die innere Konsistenz der Subskalen beträgt .86, .78 und .75, die Retestreliabilität liegt nach einer Woche bei .88, .89 und .82 bzw. nach einem Monat bei .77, .77 und .74. Die inhaltliche Struktur konnte mittels einer Faktorenanalyse repliziert werden. Validitäts- und Normuntersuchungen liegen vor.

Depressionstest für Kinder gut und leicht anwendbar

Tabelle 27:
Beispielitems aus dem Depressionstest für Kinder (DTK). Die Kinder werden instruiert, auf jede Frage jeweils die Antwort auszuwählen, die eigene Gefühle, Meinungen und Gedanken am besten (noch am ehesten) beschreiben.

1. Bist du morgens meistens gut ausgeschlafen?	Ja	Nein
2. Macht dir die Schule Spaß?	Ja	Nein
3. Gibst du zu Hause manchmal freche Antworten?	Ja	Nein
4. Ärgerst du dich oft über dich?	Ja	Nein
5. Denkst du in der Schule gerne an andere Dinge?	Ja	Nein
6. Schwänzt du oft?	Ja	Nein
7. Schläfst du in der Nacht immer sehr gut	Ja	Nein

Der Fragebogen ist zur Einzel- und Gruppenanwendung geeignet. Kinder mit emotionalen Störungen, Anpassungs- und Internalisierungsstörungen weisen auf der Skala „Dysphorie/Selbstwert" die höchsten Werte auf, während bei externalisierenden Kindern, bei Störungen des Sozialverhaltens und Hyperkinetischem Syndrom die Skala „Agitiertes Verhalten" deutlich erhöht ist. Korrelationen mit Angstskalen, Prüfungsangst, Neurotizismus liegen vor und sind besonders mit dem Dysphorie/Selbstwert – Faktor hoch. Die CBCL-Skalen „delinquentes und aggressives Verhalten" korrelieren mit dem DTK-Faktor Agitiertes Verhalten signifikant (.59, .50). Korrelationen zwischen Selbsturteilen (mit dem DTK) und Lehrerurteilen sind zwar signifikant, doch erwartungsgemäß niedrig (.22 bis .33), was gut mit den klinischen und empirischen Erfahrungen übereinstimmt.

7.3 Depressionsinventar für Kinder und Jugendliche (DIKJ)

Auf der Vorlage des Children-Depression-Inventory (CDI), welcher wiederum am BDI orientiert ist, wurde das Depressionsinventar für Kinder und Jugendliche (DIKJ – Stiensmeier-Pelster, Schürmann & Duda, 1989) adaptiert. Bei 8- bis 17-Jährigen kann das DIKJ zur Schweregradbeurteilung einer Depression, zur Absicherung einer Diagnose, zur Evaluation von Interventionen eingesetzt werden. Jedes der 27 Items (siehe Tabelle 28) verlangt von den Kindern eine Entscheidung zwischen drei Antwortalternativen, die unterschiedlich schwere Ausprägungen eines depressiven Symptomzustands kennzeichnen. Die innere Konsistenz liegt zwischen .79 (bei jüngeren Kindern) und .91. Studien zur konvergenten und diskriminanten Validität liegen ebenso vor wie Norm- und Cut-off-Werte.

Tabelle 28:
Itembeispiele zum Depressionsinventar für Kinder und Jugendliche (DIKJ). Die Anleitung verlangt von den Kindern: „… mach ein Kreuz vor dem Satz, der dich am besten beschreibt …" (Stiensmeier-Pelster, Schürmann & Duda, 1989)

3. ☐ Das meiste, was ich mache, gelingt gut.
   ☐ Ich mache vieles falsch.
   ☐ Ich mache alles falsch.

9. ☐ Ich könnte die ganze Zeit weinen.
   ☐ Ich könnte in der letzten Zeit oft weinen.
   ☐ Mir ist nur manchmal nach Weinen zumute.

15. ☐ In der letzten Zeit habe ich jede Nacht schlecht geschlafen.
    ☐ In den letzten Nächten habe ich manchmal schlecht geschlafen.
    ☐ Ich kann meist gut schlafen.

23. ☐ Keiner hat mich wirklich gern.
    ☐ Ich weiß nicht, ob mich jemand gern hat.
    ☐ Ich bin sicher, dass man mich gern hat.

8 Anwendungsbeispiel

Das folgende Beispiel stellt einen diagnostischen Entscheidungsprozess unter Einbezug verschiedener zuvor dargestellter diagnostischer Verfahren bei einer Patientin unserer Poliklinik dar. Die Darstellung folgt diesem Weg bis zur Entscheidung über und den Beginn der Behandlung. Es wird ferner der Therapieverlauf dokumentiert.

8.1 Fallbeispiel

Anamnese und Lebensgeschichte

Die Patientin ist kinderlos, verheiratet und von Beruf Lehrerin. Sie berichtet, seit über 25 Jahren an wiederholten, jährlich mindest einmal, doch auch schon öfter über sie hereinbrechenden Zuständen heftiger Niedergeschlagenheit, Hoffnungslosigkeit, Selbstmordideen, Erschöpfung, Angst, panikartigen Zuständen, Schwindel, Schlaflosigkeit, Vergesslichkeit und Interesselosigkeit an den Dingen bzw. Personen, welche ihr sonst viel bedeuten. Die Patientin erlebt sich in diesen Phasen, als ob sie „zusammenschrumpfe". Diese Phasen beginnen meist mit Schlafproblemen, insbesondere wache sie mitten in der Nacht auf, könne nicht mehr einschlafen und geistere dann unruhig durchs Haus. Es stellen sich dann Ängste vor einer neuen schlimmen Phase ein, sie fange zu zweifeln an, werde immer nervöser, reiße sich jedoch zusammen. Über all die Jahre habe sie es fast immer geschafft, ihre Arbeit, die sie gern mache, durchzustehen, wenngleich ihr in ganz schlimmen Tagen nicht mal mehr die Namen der ihr bestens bekannten Kinder ihrer Schulklasse einfallen. Andere bekommen von ihren schlimmen Zuständen wenig mit, denn sie schaffe es sich zusammen zu nehmen, obgleich sie annimmt, dass die anderen insgeheim sehen, wie wenig sie leistet, wie schlecht drauf sie ist und „welch psychisches Wrack" sie in diesen Phasen sei. Während dieser Zeit halte sie sich von ihren zahlreichen Freundinnen und Bekannten fern, vermeide das Telefon und verlasse das Haus nur, um zur Arbeit zu fahren. Sie macht sich Vorwürfe dem Ehemann gegenüber, der seit 20 Jahren viele derartiger schlimmer Phasen miterlebt habe und den ihre Zustände sicherlich belasten. Bezüglich des Auftretens dieser Phasen gebe es keine Regelhaftigkeit, weder mit der Jahreszeit, noch mit hormonellen Umstellungen habe sie Zusammenhänge gefunden. Bevorzugt treten die Phasen nach Überforderungen, beruflichen

Belastungen, nach den Ferien, zu den Zeugnissen usw. auf. Das einzige Jahr, in dem kein Tief auftrat, war die Zeit, während der sie wegen einer Knieoperation mit anschließender Rehabilitation fast das gesamte Schuljahr krankgeschrieben war. Gegenwärtig befürchtet die Patientin den Beginn einer neuen schlimmen Phase und sucht um psychotherapeutische Hilfe nach, um diesen unerträglichen Zustand „in den Griff zu bekommen". Medikamente habe sie zwar schon viele probiert, doch sie habe etwas gegen Tabletten und daher auch die Präparate schnell wieder abgesetzt, entweder weil es ihr besser ging oder weil sie die Nebenwirkungen nicht tolerieren konnte.

Die Patientin ist mit ihrer Lebenssituation insgesamt sehr zufrieden. Die Ehe besteht seit 30 Jahren. Beide Partner sind in recht unterschiedlichen Bereichen mit Erfolg und persönlicher Zufriedenheit berufstätig. Die partnerschaftliche Interaktion ist gut und der Ehemann beteuert im persönlichen Gespräch glaubhaft, dass ihn die regelmäßigen schlechten Phasen seiner Ehefrau nicht belasten. Er sei sogar derjenige, der sie ermuntere, sich krankschreiben zu lassen, sich Entlastung zu suchen und der die dabei auftretenden, doch auch sonst im Hintergrund vorhandenen heftigen Selbstzweifel und Befürchtungen seiner Ehefrau nicht teile und ihr das auch in freundlichem doch bestimmten Ton immer wieder sage. Beide haben abgesprochen, dass er sich durch den schlechten Zustand von ihr nicht in seinen beruflichen oder sozialen Verpflichtungen und Bedürfnissen einschränken lässt. Es sei höchstens zwei- oder dreimal vorgekommen, dass er wegen ihrer schlechten Verfassung Termine abgesagt bzw. früher von einer Reise zurückgekommen sei. Da gemeinsame Urlaube ihr bzw. beiden gut tun und bei ihr meist zur Befindensverbesserung führen, sind die Schulferien in der Regel für derartige gemeinsame Reisen fest verplant.

Die Patientin ist ausgebildete Designerin und sehr künstlerisch orientiert. Sie habe immer gerne gemalt und entworfen. Den Beruf habe sie jedoch nie ausgeübt, da sie schon während des Kunststudiums erkannt habe, dass es ihr ausgesprochen schwer falle, mit ihren Entwürfen bzw. Bildern zufrieden zu sein. Sie finde immer etwas zum Kritisieren und dies stürze sie dann in innere Konflikte zwischen dem Wunsch mit einem Projekt endlich fertig zu werden, doch etwas mit einem noch so geringen Makel nicht aus der Hand geben zu können. Als sie erkannte, dass dieser Konflikt ihr das Berufsleben im künstlerischen Bereich sehr schwer machen würde und sie mit dieser Zerrissenheit nicht leben wollte, habe sie sich anders entschieden. Sie hat dann eine Ausbildung zur Grundschullehrerin absolviert und ist dort seit vielen Jahren mit großem Erfolg tätig.

Ihre Herkunftsfamilie schildert sie als „mittelmäßig" glücklich. Es gibt in der Familie vermutlich affektive Störungen, insbesondere der Vater habe immer wieder Phasen gehabt, während denen er für die Kinder und Verwandte kaum gegenwärtig war. Er habe sich dann verkrochen, zwar gearbeitet, doch sonst von allem ferngehalten und viel auf dem Sofa und im Bett gelegen. In den normalen Phasen sei der Vater sonst recht streng in seinen Ansprüchen und Anforderungen gewesen. Sie erinnert sich, dass sie sich von früh an unter Druck gesetzt fühlte. Dem Vater konnte man es eigentlich nicht recht machen. Fehler waren nicht erlaubt, doch den Ansprüchen des Vaters konnte man nie genügen. Noch heute leide sie unter diesem Druck. Anforderungen, Prüfungen, Beurteilungen, Elterngespräche, Elternabende, Klassenkonferenzen usw. seien generell, doch besonders in den schlimmen Phasen „ein Horror". Sie gerate so in Hektik, in Zweifel und Befürchtungen, dass sie sich meist nur mit einer Beruhigungstablette wieder einbekomme und durchstehe. Der Anruf von Eltern eines Schülers und der Wunsch zu einem Elterngespräch löse bei ihr sofort Befürchtungen aus, etwas falsch gemacht zu haben und es komme ihr sofort der Gedanke, dass sie keine Fehler machen darf, doch letztlich nicht gut genug ist, denn sonst würde das Elterngespräch nicht gesucht.

Neben der unsicheren, selbstzweiflerischen Person, gebe es jedoch auch eine starke, selbstbewusste Persönlichkeit. Diese dominiere in den guten Phasen. Dann sei sie voll Energie, übernehme bereitwillig Sonderaufgaben in der Schule, sei konktaktfreudig und habe viele gute Einfälle. In diesen Phasen sei sie sehr gesprächig, habe das Gefühl alles zu schaffen, könne sie sich nicht vorstellen, wie schlecht es ihr zu anderen Zeiten gehen kann. Die Selbstzweifel, Ängste, Unsicherheiten, Hoffnungslosigkeit, Vergesslichkeit komme ihr dann fern und unwahrscheinlich vor.

8.2 Diagnostische Verfahren

Zur Klärung der Diagnose sowie zur Feststellung der Ausprägung bestimmter Störungsbereiche kamen folgende diagnostische Verfahren zum Einsatz:

Sinnvolle und minimal notwendige diagnostische Verfahren

a) Interviewverfahren: Strukturiertes Klinisches Interview (SKID) zur Beurteilung des Vorliegens psychischer Störungen. Ergänzend wurde zur Abklärung des Vorliegens von Persönlichkeitsstörungen das „Strukturierte Klinische Interview für Persönlichkeitsstörungen" (SKID II – Fydrich et al., 1997) durchgeführt. Zur Abklärung möglicher Suizidalität wurden Fragen in freier Form gestellt, welche sich an den Aspekten orientierten, die in Abschnitt 6.4 (Tabelle 24) erwähnt wurden.
b) Fragebögen und Fremdratings: Zur Messung der Schwere der Depression wurde das Beck Depressionsinventar (BDI) von der Patient beantwortet. Zur Abschätzung deselben Aspekts beurteilte der Kliniker mittels des Inventars Depressiver Symptome (IDS) die depressive

Symptomatik und zur Beurteilung der Schwere manischer Symptomatik kam die Young Mania Rating Skala (YMRS) zur Anwendung.
c) Therapieplanung: Orientiert an der in Abschnitt 5 dargestellten funktionalen Problemdiagnostik wurden die dem depressiven Verhalten und Erleben vorausgehenden, verschlimmernden bzw. verbesserenden Bedingungen erfragt. Ebenso wurden Einstellungen, Werthaltungen sowie die Konsequenzen des depressiven Verhaltens erfasst. Dadurch konnten Stärken und Schwächen der Patientin, depressionsförderliche und depressionsverhindernde Bedingungen sowie Alltags- und Lebensbelastungen erfasst und mit der Zielsymptomatik (Depression) in funktionale Beziehung gesetzt werden. Aus diesem Bedingungsmodell konnten dann die Behandlungsziele abgeleitet und die Behandlungsplanung erstellt werden.
d) Verlaufsmessung: Zur Dokumentation der Veränderungen über die Interventionsphase führte die Patientin ein Stimmungstagebuch, welches Items der Internal State Scale (ISS) – wie in Abschnitt 4.3.2.2 und Abbildung 6 – dargestellt enthält.

8.3 Differentialdiagnostik

Aufgrund des SKID wurden die Diagnosen (nach ICD-10) einer rezidivierenden Depression, soziale Phobie, vermeidende, abhängige Persönlichkeit erwogen sowie ergab sich der Verdacht auf eine bipolare affektive Störung. Differentialdiagnostik war dann zunächst zu klären, ob die ängstlich vermeidenden und sozialphobischen Verhaltenstendenzen unabhängig von einer depressiven Episode auftreten. Dem war nicht so, denn die Vermeidung und der Rückzug ist über all die Jahre immer nur verbunden mit den „schlimmen Phasen" aufgetreten. In guten Phasen ist die Patientin eher überdurchschnittlich kontaktfreudig, sozial aufgeschlossen und im Umgang mit anderen sehr geschickt.

Bezogen auf die affektive Symptomatik war zu klären, ob es sich bei den „schlimmen Phasen" um depressive Episoden und bei den „guten Phasen" um manische bzw. hypomanische Episoden handelt. Die schlimmen Phasen erfüllten klar die Kriterien einer schweren Depression (über mehrere Wochen hinweg Niedergeschlagenheit, Interesseverlust, Schlafstörungen, Früherwachen, Konzentrationsprobleme, Schuldgefühle und Selbstvorwürfe, Entscheidungsunfähigkeit, Energielosigkeit, Rückzug, Appetitlosigkeit (ohne Gewichtsverlust), Todeswünsche), wobei gegenwärtig eine eher mittelgradige Symptomatik bestand. Während den guten Phasen gab es immer wieder Episoden, während denen die Kriterien einer „Hypomanie" (über mehrere Tage hinweg deutlich gehobene, expansive, selbstbewusste Stimmung, reduziertes Schlafbedürfnis, vermehrte Gesprächigkeit, gesteigerte Betriebsamkeit). Neben den depressiven und den kurzfristigen hypomanischen Episoden, gab es Phasen des Normalbefindens, die die Patientin deutlich abgrenzen konnte, obgleich sie die hypomanischen Phasen als sehr produktive Phasen erlebt und eigentlich nicht missen möchte.

Entsprechend des in Abbildung 1 dargestellten Entscheidungsbaums, bei Ausschluss medizinischer Krankheitsfaktoren bzw des Einflusses von Medikamenten und Drogen, werden die Kriterien einer Bipolaren Affektiven Störung (ICD-10: F 31.3/31.8) bzw. einer Bipolar II Störung (DSM-IV: 296.89) erfüllt. Das psychosoziale Funktionsniveau wird gegenwärtig als gut (DSM-IV Achse 5: GAF-Wert: 65 bis 70) mit leichten Einschränkungen aufgrund der depressiven Symptomatik eingestuft. In der Vorgeschichte, während schweren depressiven Phasen, wurden jedoch mehrfach GAF-Werte von 30 bis 40 erreicht, während die Patientin in den guten bzw. normalen Phasen ein hohes bis hervorragendes Funktionsniveau (GAF-Wert: 90) erreichte.

Die Schwere der aktuellen depressiven Symptomatik wird im IDS mit 23 Punkten als leicht, von der Patientin im BDI mit 24 Punkten als mittelgradig beurteilt. Die zurückliegenden depressiven Phasen sind anhand der Angaben der Patientin als schwer bis sehr schwer (IDS-Werte von 35 bis 50 Punkte), während die manischen Phasen anhand des YMRS niemals Punktwerte von mehr als 9 erreichten und somit als leicht (hypomanisch) einzustufen sind. Aktuell besteht keine Suizidalität. In der Vorgeschichte werden zwar Todesgedanken und Suizidideen bejaht, doch es bestand bislang nie eine ernsthafte Tendenz zu suizidalen Handlungen.

8.4 Therapieziele und Therapieplanung

Die depressiv-ängstliche, auch die hypomanische Symptomatik tritt phasenweise, ohne erkennbaren, klaren Auslöser zu den unterschiedlichsten Jahreszeiten auf. Angesichts der familiären Belastung, des seit vielen Jahren bestehenden phasenhaften Verlaufs und der bipolaren affektiven Symptomatik muss von einer neurobiologischen Vulnerabilität und Beteiligung ausgegangen werden. Die Patientin sieht jedoch in Belastungen, neuen Anforderungen, beruflichen Herausforderungen, Konflikte mit schwierigen Schülern, Elterngesprächen, Elternabende, Beurteilung von Leistungen, Schulempfehlungen, Beginn des Schuljahres nach langer Sommerpause u.a. den Anstoß zu ihren Depressionen, zumal durch Ferienbeginn bzw. durch eine Urlaubsreise oft die depressiven Symptome weniger werden bzw. ganz abklingen. Auch in den seltenen Phasen kurzfristiger Krankschreibung gehe es ihr besser und das Jahr ohne Depression während der Knieoperation mit anschließender Rehabilitation zeige doch, dass die De-

Funktionelle Diagnostik hilfreich bei Fallkonzeption

pression durch ihre Lebensumstände „verursacht" sei. Erstmalig aufgetreten ist die depressive Symptomatik in einer wichtigen Prüfungsphase mit Leistungsbeurteilungen, Lehrproben, sozialen Herausforderungen. Durch ihre strenge Erziehung mit hohen Ansprüchen (keine Fehler machen, alles richtig machen), denen sie niemals genügen konnte, hat sich bei der Patientin die selbstbezogene Haltung „nicht gut genug zu sein" eingeschliffen. Jede Anforderung, jede Kritik, jede Beurteilungssituation führt zu der Befürchtung, etwas falsch zu machen und zu dem Anspruch, keinen Fehler machen zu dürfen. Die Folge dieses kognitiven Drucks sind Nervosität, Ängste, Zweifel und Resignation. Der eigene Anspruch wird durch eine überkritische Haltung der eigenen Person und den eigenen Handlungen gegenüber, doch vor allem durch hohen Einsatz, umfangreiche Vorbereitungen und wiederholtes Nachprüfen eingelöst. Mit der Folge rascher Überforderung, Erschöpfung und der letztlich hilflosen Erfahrung, Fehler nicht völlig vermeiden zu können, was zur Resignation und verstärkter Selbstkritik sowie Rückzug führt.

Obgleich dieser funktionale Zusammenhang offensichtlich ist und wie geschildert abläuft, darf darin nicht der alleinige Auslöser der affektiven Symptomatik gesehen werden. Die kognitiven und behavioralen Mechanismen spielen jedoch bei der Verschlimmerung, der Aufrechterhaltung, der Bewältigung und der Verhinderung der affektiven Episoden eine wichtige Rolle. Die negativen Schemata („nicht gut genug zu sein"), die pessimistischen Erwartungshaltungen („jetzt geht's wieder los und ich kann nichts machen"), die negativen Attributionsmuster („jede Depression ist ein persönliches Versagen, eine erneute eine Niederlage") sowie das eigenwillige Krankheitskonzept („meine Depressionen sind das Ergebnis meiner unterdrückenden Erziehung") verbunden mit vermeidendem Bewältigungsverhalten („wenn es mir wieder besser geht, will nicht mehr dran denken und hoffe nur, dass es nie wieder kommt") führen dazu, dass die Patientin einen angemessenen Umgang mit der neurophysiologisch mitbedingten Erkrankung bislang nicht geschafft hat. Sie hat ein wenig hilfreiches Krankheitskonzept, vermeidet die Wahrnehmung von bzw. den konstruktiven Umgang mit Frühsymptomen, lehnt eine hilfreiche, phasenprophylaktische Behandlung ab, erwartet durch Willensstärke die Krankheit in den Griff zu bekommen, überfordert sich in den depressiven Phasen und kann bezogen auf ihren großen Freundeskreis nicht offen und ehrlich zur Krankheit stehen und dann angemessene Unterstützung erfahren.

Behandlungsziele konkret formulieren

Aus einem psychobiologischen Verständnis der bipolar affektiven Störung ergibt sich in diesem Fall, dass die Patientin lernen sollte (Behandlungsziele):
– Information, Psychoedukation über die Krankheit, Veränderung des Krankheitskonzept
– Akzeptanz der rezidivierenden, chronischen affektiven Erkrankung

- Bereitschaft zur stimmungsstabilisierenden Medikation
- Anpassung der Alltagsgestaltung (Schlaf-Wach-Rhythmus, Belastung-Entlastung, verstärkende Aktivitäten) an die Krankheitsvulnerabilität
- Wissen um und Erkennen von Frühsymptomen
- Lernen konstruktiver Bewältigungsformen (in Krankheitsphasen)
- Abbau der dysfunktionalen, selbstkritischen Verarbeitungsmuster
- Veränderung der leistungsbezogenen Ansprüche
- Aufbau einer konstruktiven, positiven Selbstbeurteilung
- Aufbau von Stressbewältigungsstrategien.

Die Behandlung zur Erreichung dieser Ziele erfordert die Kooperation von Psychologischen Psychotherapeut und Psychiater. Die kognitive Verhaltenstherapie, wie sie für die bipolar affektiven Störungen von Meyer und Hautzinger (2000) adaptiert wurden, bietet eine Erklärungsheuristik und einen Behandlungsrahmen an, welche für die akute bzw. phasenprophylaktische Medikation durch einen Psychiater, die Compliance und Kooperation, das Erfordernis der Verhaltens- und Einstellungsänderungen, die Früherkennung, die Information und Psychoedukation und die längerfristige therapeutische Betreuung ausgelegt ist.

Die Patientin konnte sich auf das therapeutische Angebot zunächst nur zögerlich einlassen. Sie brauchte die Erfahrung von zwei weiteren schweren depressiven Episoden, jedoch mit dazwischen liegender, über zehn Monate andauernder normaler, wenig hypomanischer Befindlichkeit, bevor sie akzeptieren konnte, dass psychologische Mechanismen allein nicht effizient sind. Mit Erreichen der oben genannten Behandlungsziele ist nun, nach drei Jahre mit insgesamt 64 Sitzungen (z.T. mit großen Lücken, oft nur monatlichen, dann jedoch auch wieder mit zweimal wöchentlichen Kontakten) die kognitiv-verhaltenstherapeutisch orientierte Psychotherapie beendet.

8.5 Verlaufsdokumentation und Qualitätskontrolle

Die Patientin führte über den gesamten dreijährigen Behandlungszeitraum, wenngleich auch immer wieder mit wochenlangen Lücken, ein Stimmungstagebuch, das anhand des ISS (siehe Abschnitt 4.3.2.2) erlaubt, den Verlauf der depressiven und der hypomanischen Symptomatik zu dokumentieren. Die Abbildung 16 fasst die Verlaufskurven beider Symptomkomplexe Wohlbefinden und Aktivierung zusammen. Dabei bilden sich die beiden depressiven Episoden, die über mehrere Wochen andauerten deutlich ab. Erst während der zweiten depressiven Episode begann die Patientin das Phasenprophylaktikum zu nehmen. Die psychologischen Therapiemethoden haben nach Angaben der Patientin dazu geführt, dass die depressiven Phasen nicht so heftig ausfielen und dass sie bereit war, wäh-

Qualitätskontrolle durch Verlaufsdokumentation

rend diesen Phasen mit den beruflichen Anforderungen anders umzugehen (weniger Vorbereitungen, mehr Gelassenheit), sich nicht länger von den Bekannten und Freunden zurückzog, bereit war sich krank schreiben zu lassen und diese Notwendigkeit auch ihrer Schulleiterin gegenüber vertreten konnte.

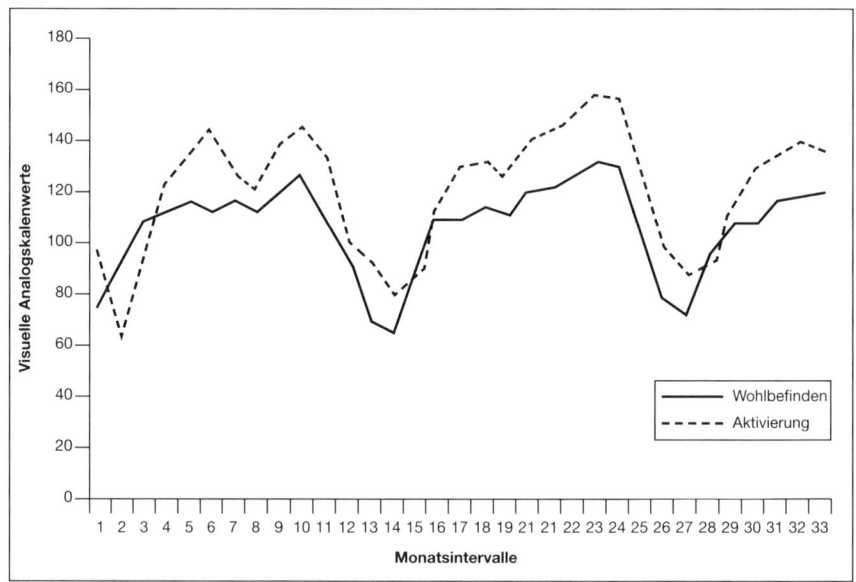

Abbildung 15:
Verlauf von Wohlbefinden und Aktivierung über die Therapie

Literatur

Abramson, L. Y., Seligman, M. E. P., Teasdale, J. D. (1978). Learned helplessness in humans. Critique and reformulation. *Journal of Abnormal Psychology, 87,* 49–74.

Abramson, L. Y., Metalsky, G. I., Alloy, L. B. (1989). Hopelessness Depression. A theory-based subtype of depression. *Psychological Review, 96,* 358–372.

Akiskal, H. S., Puzantian, V. R. (1979). Psychotic forms of depression and mania. *Psychiatric Clinics of North America, 2,* 419–439.

Akiskal, H. S., Judd, L. L., Gillin, J. C., Lemmi, H. (1997). Subthreshold depressions. Clinical and polysomnographic validation of dysthymic, residual and masked forms. *Journal of Affective Disorders, 45,* 53–63.

Alloy, L. B., Reilly-Harrington, N., Fresco, D. M., Whitehouse, W. G., Zechmeister, J. S. (1999). Cognitive styles and life events in subsyndromal unipolar and bipolar disorders: Stability and prospective prediction of depressive and hypomanic mood swings. *Journal of Cognitive Psychotherapy: An International Quarterly, 13,* 21–40.

Alloy, L. B., Abramson, L. Y., Hogan, M. E., Whitehouse, W. G., Rose, D. T., Robinson, M. S., Kim, R. S., Lapkin, J. B. (2000). The Temple-Wisconsin cognitive vulnerability to depression project: Lifetime history of axis I psychopathology in individuals at high and low cognitive risk for depression. *Journal of Abnormal Psychology, 109,* 403–418.

Altman, E. G. (1998). Rating scales for mania: is self-rating reliable? *Journal of Affective Disorders, 50,* 283–286.

Altman, E. G., Hedeker, D. R., Janicak, P. G., Petersen, J. L., Davis, J. M. (1994). The Clinician-Administered Rating Scale for Mania (CARS-M): Development, reliability, and validity. *Biological Psychiatry, 36,* 124–134.

Altman, E. G., Hedeker, D., Peterson, J., Davis, J. M. (1997). The Altman Self-Rating Mania Scale. *Biological Psychiatry, 42,* 948–953.

Angst, J. (1998). The emerging epidemiology of hypomania and bipolar II disorders. *Journal of Affective Disorders, 50,* 145–151.

Angst, J., Degonda, M., Ernst, C. (1992). The Zurich Study XV: Suicide attempts in a cohort from age 20 to 30. *European Archives of Psychiatry and Clinical Neuroscience, 242,* 135–141.

Angst, J., Merikangas, K. R. (2001). Multi-dimensional criteria for the diagnosis of depression. *Journal of Affective Disorders, 62,* 7–15.

Attkisson, C. C., Zich, J. M. (1990). Depression screening in primary care. Clinical needs and research challenges. In: C. C. Attkisson, J. M. Zich (Eds.) *Depression in primary care. Screening and detection.* New York: Routledge.

Bailer, M. (1999). *Inventar depressiver Symptome (IDS) im Verlauf von Therapie und Katamnese.* Universität Tübingen, Psychologisches Institut (unveröffentlichte Dissertation).

Bauer, M. S., Crits-Christoph, P., Ball, W. A., Dewees, E., McAllister, T., Alahi, P., Cacciola, J., Whybrow, P. C. (1991). Independent assessment of manic and depressive symptoms by self-rating. *Archives of General Psychiatry, 48,* 807–812.

Bauer, M. S., Vojita, C., Kinosian, B., Altshuler, L., Glick, H. (2000). The Internal State Scale: Replication of its discriminating abilities in a multisite, public sector sample. *Bipolar Disorders, 2,* 340–346.

Bauer, M. S., Whybrow, P. C., Gyulai, L., Gonnel, J., Yeh, H. S. (1994). Testing definitions of dysphoric manic and hypomania: Prevalence, clinical characteristics and inter-episode stability. *Journal of Affective Disorders, 32,* 201–211.

Baumann, U. (1976). Methodische Untersuchungen zur Hamilton Depressionsskala. *Archiv für Psychiatrie und Nervenkrankheiten, 216,* 153–161.

Baumann, U., Seidenstücker, G. (1977). Zur Taxonomie und Bewertung psychologischer Untersuchungsverfahren bei Psychopharmakaprüfungen. *Pharmakopsychiatrie, 10,* 165–175.

Bech, P., Bolwig, T. G., Kramp, P., Rafaelsen, O. J. (1979). The Bech Rafaelsen Mania Scale and the Hamilton Depression Scale: Evaluation of homogeneity and inter-observer reliability. *Acta Scandinavica Psychiatrica, 59,* 420–430;

Bech, P., Rafaelsen, O. J., Kramp, P., Bolwig, T. G. (1978). The mania rating scale: Scale construction and inter-observer agreement. *Neuropharmacology, 17,* 430–431.

Bech, P., Rafaelsen, O. J. (1986). The melancholia scale. Development, consistency, validity and utility. In N. Sartorius, T. A. Ban (Eds.) *Assessment of depression.* Berlin-Heidelberg: Springer.

Beck, A. T., Ward, C. H., Mendelson, M., Mock, J., Erbaugh, J. (1961). An inventory for measuring depression. *Archives of General Psychiatry, 4,* 561–571.

Beck, A. T., Weissman, A., Lester, D., Trexler, L. (1974). The measurement of pessimism. The hopelessness scale. *Journal of Consulting and Clinical Psychology, 42,* 861–865.

Beck, A. T., Steer, R. A. (1987). *Beck Depression Inventory (BDI) – Manual.* San Antonio: The Psychological Corporation.

Beck, A. T., Steer, R. A., Brown, G. K. (1996). *Beck Depression Inventory II – Manual.* San Antonio: The Psychological Corporation.

Beck, A. T., Rush, A. J., Shaw, B. F., Emery, G. (1996). *Kognitive Therapie der Depression* (5. Auflage). Psychologie Verlags Union, Weinheim.

Beigel, A., Murphy, D. L. (1971). Assessing clinical characteristics of the manic state. *American Journal of Psychiatry, 128,* 688–694.

Bickel, H. (1997). Epidemiologie psychischer Erkankungen im Alter. In H. Förstl (Hrsg.) *Lehrbuch der Gerontopsychiatrie.* Stuttgart: Enke.

Blair-West, G. W., Castor, C. H., Mellsop, G. W., Eyeson-Annan, M. L. (1999). Lifetime suicide risk in major depression: sex and age determiants. *Journal of Affective Disorders, 55,* 171–178.

Bostwick, J. M., Pankratz, V. S. (2000). Affective disorders and suicide risk: a re-examination. *American Journal of Psychiatry, 157,* 1925–1932.

Bräunig, P., Shugar, G., Krüger, S. (1996). An investigation of the self-report manic inventory as a diagnostic and severity scale for mania. *Comprehensive Psychiatry, 37,* 52–55.

Brown, E. S., Bauer, M. S., Suppes, T., Khan, D. A., Carmody, T. (2000). Comparison of the internal state scale to clinician-administered scales in asthma patients receiving corticosteroid therapy. *General Hospital Psychiatry, 22,* 180–183.

Cassidy, F., Forest, K., Murry, E., Carroll, B. J. (1998). A factor analysis of the signs and symptoms of mania. *Archives of General Psychiatry, 55,* 27–32.

Calabrese, J. R., Browden, C. L., Sachs, G., Ascher, J. A., Monoghan, E., Rudd, G. D. (1999). A double-blind placebo-controlled study of lamotrigine monotherapy in outpatients with bipolar I depression. *Journal of Clinical Psychiatry, 60,* 79–88.

Chen, Y. W., Dilsaver, S. C. (1996). Lifetime rates of suicide attempts among subjects with bipolar und unipolar disorders relative to subjects with other Axis 1 disorders. *Biological Psychiatry, 30,* 896–899.

Collegium Internationale Psychiatriae Scalarum-CIPS (1996). *Internationale Skalen für die Psychiatrie* (4. Aufl.). Göttingen: Beltz Test GmbH.

Cooke, R. G., Krüger, S., Shugar, G. (1996). Comparative evaluation of two self-report mania rating scales. *Biological Psychiatry, 40,* 279–283.

Corruble, E., Legrand, J. M., Zvenigorowski, H., Duret, C. Guelfi, J. D. (1999). Concordance between self-report and clinican's assessment of depression. *Journal of Psychiatric Research, 33,* 457–465.

Coyne, J. C. (1976). Toward an interactional description of depression. *Psychiatry, 39,* 28–40.

Coyne, J. C., Thompson, R., Palmer, S. C., Kagee, A., Maunsell, E. (2000). Should we screen for depression? Caveats and potential pitfalls. *Applied and Preventive Psychology, 9,* 101–121.

Coyne, J. C., Thompson, R., Racioppo, M. W. (2001). Validity and efficiency of screening for history of depression by self-report. *Psychological Assessment, 13,* 163–170.

Depue, R. A., Monroe, S. M., (1978). The unipolar-bipolar distinction in the depressive disorders. *Psychological Bulletin, 85,* 1001–1029.

Denicoff, K. D., Leverich, G. S., Nolen, W. A., Rush, A. J., McElroy, S. L., Keck Jr. P. E., Suppes, T., Altshuler, L. L., Kupka, R., Frye, M. A., Hatef, J., Brotman, M. A., Post, R. M. (2000). Validation of the prosepctive NIMH-Life-Chart Method (NIMH-LCMTM-p) for longitudinal assessment of bipolar illness. *Psychological Medicine, 30,* 1391–1397.

Döpfner, M., Lehmkuhl, G. (1999). *Diagnostik-System für psychische Störungen im Kindes- und Jugendalter nach ICD-10/DSM-IV.* Bern: Huber.

Dorrmann, W. (1991). *Suizid: Therapeutische Interventionen bei Selbsttötungsabsichten.* München: Pfeiffer.

Double, D. B. (1990). The factor structure of manic rating scales. *Journal of Affective Disorders, 18,* 113–119.

Dunner, D. L., Gershon, E. S., Goodwin, F. K. (1976). Heritable factors in the severity of affective illness. *Biological Psychiatry, 11,* 31–42.

Eaton, W. W., Neufeld, K., Chen, L. S., Cai, G. (2000). A comparison of self-report and clinical diagnostic interviews for depression. *Archives of General Psychiatry, 57,* 217–222.

Echelmeyer, L. (2000). Verhaltensbeobachtung. In: M. Linden, M. Hautzinger (Hrsg.) *Verhaltenstherapie Manual* (4. Aufl.). Berlin-Heidelberg: Springer.

Eckblad, M., Chapman, L. J. (1986). Development and validation of a scale for hypomanic personality. *Journal of Abnormal Psychology, 95,* 214–222.

Enns, M. W., Larsen, D. K., Cox, B. J. (2000). Discrepancies between self and observer ratings of depression. The relationship to demographic, clinical and personality variables. *Journal of Affective Disorders, 60,* 33–41.

Engel, R. (2000). *Minnesota Multiphasic Personality Inventory 2* (MMPI). Bern: Huber.

Elkin, I., Shea, T., Watkins, J., Imber, S. D., Watkins, J. u.a. (1989). NIMH-Treatment of Depression Collaborative Research Program. *Archives of General Psychiatry, 46,* 971–982.

Faedda, G. L., Baldessarini, R. J., Suppes, T., Tondo, L., Becker, I., Lipschitz, D. S. (1995). Pediatric-onset bipolar disorder: A neglected clinical and public health problem. *Harvard Review of Psychiatry, 3,* 171–195.

Faries, D., Herrera, J., Rayamajhi, J., DeBrota, D., Demitrack, M., Potter, W. Z. (2000). The responsiveness of the Hamilton Depression Rating Scale. *Journal of Psychiatric Research, 34,* 3–10.

Fergusson, D. M., Lynskey, M. T. (1995). Suicide attempts and suicidal ideation in a birth cohort of 16-year old New Zealanders. *Journal of the American Academy of Child and Adolescent Psychiatry, 34,* 1308–1317.

Frank, E., Swartz, H. A., Mallinger, A. G., Thase, M. E., Weaver, E. V., Kupfer, D. J. (1999). Adjunctive psychotherapy for bipolar disorder: Effects of changing treatment modality. *Journal of Abnormal Psychology, 108,* 579–587.

Franke, G. H. (1995). *Die Symptom Checkliste von Derogatis.* Deutsche Version. Göttingen: Beltz Test.

Franke, G. H. (2000). *Brief Symptom Inventory (BSI).* Deutsche Version. Göttingen: Beltz Test.

Fristad, M. A., Weller, E. B., Weller, R. A. (1992). The Mania Rating Scale: Can it be used in children? A preliminary report. *Journal of the American Academy of Child and Adolescent Psychiatry, 31,* 252–257.

Fristad, M. A., Weller, R. A., Weller, E. B. (1995). The Mania Rating Scale: Further reliability and validity studies with children. *Annals of Clinical Psychiatry, 7,* 127–132.

Furukawa, T. A., Konno, W., Morinobu, S., Harai, H., Kitamura, T., Takahashi, K. (2000). Course and outcome of depressive episodes: comparison between bipolar, unipolar and subthreshold depression. *Psychiatry Research, 96,* 211–220.

Fydrich, T., Renneberg, B., Schmitz, B., Wittchen, H. U. (1997). *Strukturiertes Klinisches Interview für Persönlichkeitsstörungen (SKID II).* Göttingen: Hogrefe.

Gallagher, D., Thompson, L. W., Steinmetz, J., Breckenridge, J. (1987). Comparative effectiveness of psychotherapies for depressed elders. *Journal of Consulting and Clinical Psychology, 55,* 129–137.

Gauggel, S., Birkner, B. (1998). Diagnostik depressiver Störungen bei älteren Menschen: eine Übersicht über Entwicklung und Evaluation der Geriatric Depression Scale (GDS). *Zeitschrift für Gerontopsychologie und -psychiatrie, 11,* 150–171.

Geller, B., Luby, J. (1997). Child and adolescent bipolar disorder: A review of the past 10 years. *Journal of the American Academy of Child and Adolescent Psychiatry, 36,* 1168–1176.

Gibbon, R. D., Clark, D. C., Kupfer, D. (1993). Exactly what does the Hamilton Depression Scale measure? *Journal of Psychiatric Research, 27,* 259–273.

Goodwin, F. K., Jamison, K. R. (1990). *Manic-depressive illness.* Oxford: Oxford University Press.

Goldberg, D. P. (1978). *Manual of the General Health Questionnaire.* Windsor: NFER.

Goldberg, D., Hillier, V. (1979). A scaled version of the General Health Questionnaire. *Psychological Medicine, 9,* 139–145.

Goldberg, D. P., Oldehinkel, T., Ormel, J. (1998). Why GHQ threshold varies from one place to another. *Psychological Medicine, 28,* 915–921.

Gonzalez-Pinto, A., Gutierrez, M., Mosquera, F., Ballesteros, J., Lopez, P., Ezcurra, J., Figuerido, J. L., de Leon, J. (1998). First episode in bipolar disorder: Misdiagnosis and psychotic symptoms. *Journal of Affective Disorders, 50,* 41–44.

Guze, S. B., Robins, E. (1970). Suicide and primary affective disorders. *British Journal of Psychiatry, 117,* 437–438.

Hahlweg, K. (1991). Interpersonelle Faktoren bei depressiven Erkrankungen. In: C. Mundt, P. Fiedler, H. Lang, A. Kraus (Hrsg.) *Depressionskonzepte heute: Psychopathologie oder Pathopsychologie.* Berlin-Heidelberg: Springer.

Hahlweg, K. (1996). *Fragebogen zur Partnerschaftsdiagnostik.* Göttingen: Hogrefe.

Hamilton, M. (1960). A rating scale for depression. *Journal of Neurology, Neurosurgery, and Psychiatry, 23,* 56–62.

Hamilton, M. (1986). The Hamilton rating scale for depression. In N. Sartorius, T. A. Ban (eds.) *Assessment of depression.* New York-Berlin: Springer.

Hathaway, S. R., McKinley, J. C. (1972). *Minnesota Multiphasic Personality Inventory Saarbrücken (MMPI).* Bern: Huber.

Hautzinger, M. (1991). Perspektiven für ein psychologisches Konzept der Depression. In: C. Mundt, P. Fiedler, H. Lang, A. Kraus (Hrsg.) *Depressionskonzepte heute.* Berlin-Heidelberg: Springer.

Hautzinger, M. (1996). Affektive Störungen. In K. Hahlweg, A. Ehlers. (Hrsg.) *Psychologische Störungen und ihre Behandlungen* (Band 2) (Enzyklopädie der Psychologie, Klinische Psychologie). Göttingen: Hogrefe.

Hautzinger, M. (1998). *Depression.* Reihe Fortschritte der Psychotherapie. Göttingen: Hogrefe.

Hautzinger, M. (1999). *Patientenbroschüre Depression.* Informationen für Betroffene und deren Angehörige. Göttingen: Hogrefe.

Hautzinger, M. (2000a). *Kognitive Verhaltenstherapie bei Depressionen* (5. Aufl.). Weinheim: PVU/Beltz.

Hautzinger, M. (2000b). *Depression im Alter.* Weinheim: PVU/Beltz.

Hautzinger, M. (2000c). Selbstbeobachtung. In: M. Linden, M. Hautzinger (Hrsg.) *Verhaltenstherapie Manual* (4. Aufl.). Berlin-Heidelberg: Springer.

Hautzinger, M. (2000d). Tages- und Wochenprotokolle. In: M. Linden, M. Hautzinger (Hrsg.) *Verhaltenstherapie Manual* (4. Aufl.). Berlin-Heidelberg: Springer.

Hautzinger, M. (2001). Diagnostik in der Psychotherapie. In: R. D. Stieglitz, U. Baumann, H. J. Freyberger (Hrsg.). *Psychodiagnostik in Klinischer Psychologie, Psychiatrie, Psychotherapie* (S. 351–364). Stuttgart: Thieme Verlag.

Hautzinger, M., Bailer, M. (1993). *Allgemeine Depressions Skala (ADS).* Göttingen: Beltz Test.

Hautzinger, M., Bailer, M. (1999). *Das Inventar Depressiver Symptome (IDS).* Universität Tübingen, Psychologisches Institut (unveröffentlichte Testbeschreibung).

Hautzinger, M., Bailer, M., Worrall, H., Keller, F. (1995). *Das Beck Depressionsinventar (BDI)* (Neuauflage 2001). Bern: Huber.

Hautzinger, M., Eifländer, B. (1999). Verhaltenstherapie bei Depression nach Suizidversuch. *Verhaltenstherapie & Verhaltensmedizin, 20,* 121–132.

Hautzinger, M., deJong-Meyer, R. (1996). Depression. *Zeitschrift für Klinische Psychologie, 26,* 76–160 (Themenheft).

Hautzinger, M., Luka, U., Trautmann, R. D. (1985). Skala dysfunktionaler Einstellungen. Die deutsche Version der Dysfunctional Attitude Scale (DAS). *Diagnostica, 31,* 312–330.

Hautzinger, M., Meyer, T. D. (2001). Diagnostik affektiver Störungen. In R. D. Stieglitz, U. Baumann & H. J. Freyberger (Hrsg.). *Psychodiagnostik in Klinischer Psychologie, Psychiatrie, Psychotherapie* (S. 418–429). Stuttgart: Thieme.

Hedlund, J. L., Vieweg, B. W. (1979). The Hamilton Rating Scale for Depression. A comprehensive review. *Journal of Operational Psychiatry, 10,* 149–165.

Helmchen, H. (2001). Unterschwellige psychische Störungen. *Nervenarzt, 72,* 181–189.

Herrmann, Ch., Buss, U., Snaith, R. P. (1995). *Hospital Anxiety and Depression Scale – deutsche Version (HADS-D).* Bern: Huber.

Hiller, W., Bose, M. v., Dichtl. G., Agerer, D. (1990). Reliability of checklist-guided diagnosis for DSM-III-R affective and anxiety disorders. *Journal of Affective Disorders, 20,* 235–247.

Hiller, W., Dichtl, G., Hecht, H., Hundt, W., Zerssen, D. v. (1993). An empirical comparison of diagnoses and reliabilities in ICD-10 and DSM-III-R. *European Archives of Psychiatry and Clinical Neuroscience, 242,* 209–217.

Hiller, W., Dichtl, G., Hecht, H., Hundt, W., Zerssen, D. v. (1994). Testing the comparability of psychiatric diagnoses in ICD-10 and DSM-III-R. *Psychopathology, 27,* 19–28.

Hiller, W., Zaudig, M., Mombour, W. (1995). *Internationale Diagnose Checklisten für ICD-10.* Bern: Huber.

Hirschfeld, R. M. A., Williams, J. B., Spitzer, R. L., Calabrese, J. R. et al. (2000). Development and validation of a screening instrument for bipolar spectrum disorder. The mood disorder questionnaire. *American Journal of Psychiatry, 157,* 1873–1875.

Ingram, R. E., Miranda, J., Segal, Z. V. (1998). *Cognitive vulnerability to depression.* New York: Guilford Press.

Inskip, H. M., Harris, E. C., Barraclough, B. (1998). Lifetime risk of suicide for affective disorders, alcoholism, and schizophrenia. *British Journal of Psychiatry, 172,* 35–37.

Isometsa, E. T., Henriksson, M. M., Aro, H. M., Lonnquist, J. K. (1994). Suicide in bipolar disorder in Finnland. *American Journal of Psychiatry, 151,* 1020–1024.

Jamison, K. R. (1999). *Nights fall fast. Understanding suicide.* New York: Knopf.

Jamison, K. R. (2000). Suicide and bipolar disorder. *Journal of Clinical Psychiatry, 61 (suppl. 9),* 47–51.

Janke, W. Debus, G. (1978). *Die Eigenschaftswörterliste (EWL).* Göttingen: Hogrefe.

Jensen, H. V., Plenge, P., Mellerup, E. T., Davidsen, K., Toftegaard, L., Aggernaes, H., Bjorum, N. (1995). Lithium prophylaxis of manic-depressive disorder: daily lithium dosing schedule versus every second day. *Acta Psychiatrica Scandinavica, 92,* 69–74.

Johnson, S. L., Kizer, A. (2001). Bipolar and unipolar depression: Comparisons of course, symptoms, and psychosocial predictors. In I. H. Gotlib, C. L. Hammen (Eds.). *Handbook of Depression and its Treatment.* New York, N. Y.: Guilford Press, in press.

Johnson, S. L., Sandrow, D., Meyer, B., Winters, R., Miller, I., Solomon, D., Keitner, G. (2000). Increases in manic symptoms after life events involving goal attainment. *Journal of Abnormal Psychology, 109,* 721–727.

Joiner, T. E. Jr., Rudd, M. D. (2000). Intensity and duration of suicidal crises vary as a function of previous suicide attempts and negative life events. *Journal of Consulting and Clinical Psychology, 68,* 909–916.

Kammer, D., Stiensmeier-Pelster, J. (1989). Erfassung des depressiven Attributionsstils: Erfahrungen mit einer deutschen Form des ASQ. In: G. Krampen (Hrsg.) *Diagnostik von Attributionen und Kontrollüberzeugungen.* Göttingen: Hogrefe

Kendler, K. S., Gardner, C. O. (1998). Boundaries of major depression . An evaluation of DSM-IV criteria. *American Journal of Psychiatry, 155,* 172–177.

Kessler, R. C., McGonagle, K. A., Zhao, S., Nelson, C. B., Hughes, M., Eshleman, S., Wittchen, H. U., Kendler, K. S. (1994). Lifetime and 12-month prevalence of DSM-III-R psychiatric disorders in the United States. Results from the National Comorbidity Survey. *Archives of General Psychiatry, 51,* 8–19.

Kessler, R. C., Rubinow, D. R., Holmes, C., Abelson, J. M., Zhao, S. (1997). The epidemiology of DSM-III-R bipolar I disorder in a general population survey. *Psychological Medicine, 27,* 1079–1089.

Kessler, R. C., Norges, G., Walters, E. E. (1999). Prevalence of and risk factors for lifetime suicide attempts in the NCS. *Archives of General Psychiatry, 56,* 617–626.

Komiti, A. A., Jackson, H. J., Judd, F. K., Cockram, A. M., Kyrios, M., Yeatman, R., Murray, G., Hordern, C., Wainwright, K., Allen, N., Singh, B. (2001). A comparison of the Composite International Diagnostic Interview (CIDI-Auto) with clinical assessment in diagnosing mood and anxiety disorders. *Australian and New Zealand Journal of Psychiatry, 35,* 224–230.

Krampen, G. (1994). *Skalen zur Erfassung von Hoffnungslosigkeit.* Göttingen: Hogrefe.

Krüger, S., Bräunig, P., Shugar, G. (1997). *Manie-Selbstbeurteilungsskala (MSS).* Deutsche Bearbeitung des Self-Report Manic Inventory. Göttingen: Beltz Test.

Kühner, C. (1997). *Fragebogen zur Depressionsdiagnostik (FDD).* Göttingen: Hogrefe.

Lester, D. (1993). Suicidal behavior in bipolar and unipolar affective disorders: a meta-analysis. *Journal of Affective Disorders, 27,* 117–121.

Lewinsohn, P. M. (1974). A behavioral approach to depression. In: R. J. Friedman, M. M. Katz (Eds.) *The psychology of depression.* New York: Wiley.

Lewinsohn, P. M., Hops, H., Roberts, R. E., Seeley, J. R., Rohde, P., Andrews, J. A., Hautzinger, M. (1992). Affektive Störungen bei Jugendlichen: Prävalenz, Komorbidität und psychosoziale Korrelate. *Verhaltenstherapie, 2,* 132–139.

Lewinsohn, P. M., Klein, D. N., Seeley, J. R. (1995). Bipolar disorders in a community sample of older adolescents; Prevalence, phenomenology, comorbidity, and course. *Journal of the American Academy of Child and Adolescent Psychiatry, 34 (4),* 454–463.

Lewinsohn, P. M., Solomon, A., Seeley, J. R., Zeiss, A. (2000). Clinical implications of subthreshold depressive symptoms. *Journal of Abnormal Psychology, 109,* 345–351.

Licht, R. W., Jensen, J. (1997). Validation of the Bech-Rafaelsen Mania Scale using latent structure analysis. *Acta Psychiatrica Scandinavica, 96,* 367–372.

Linehan, M. (1981). A social-behavioral analysis of suicide and parasuicide. Implications for clinical assessment and treatment. In H. Glaezer, J. F. Clarkin (Eds.). *Depression: Behavioral and discrete intervention strategies.* New York: Garland.

Lörch, B., Szegedi, A., Kohnen, R., Benkert, O. (2000). The primary care evaluation of mental disorders. German version of PRIME-MD and comparison with the CIDI. *Journal of Psychiatric Research, 34,* 211–220.

Maier, W., Phillip, M. (1985). Comparative analysis of observer rating scales. *Acta Psychiatrica Scandinavica, 72,* 239–245.

Maier, W., Gänsicke, M., Weiffenbach, O. (1997). The relationship between major and subthreshold variants of unipolar depression. *Journal of Affective Disorders, 45,* 41–51.

Margraf, J., Schneider, S., Ehlers, A. (1991). *DIPS – Diagnostisches Interview bei psychischen Störungen.* Handbuch. Berlin: Springer.

Matschinger, H., Schork, A., Riedel-Heller, S. G., Angermeyer, M. C. (2000). Zur Verwendung des CES-D bei älteren Menschen. *Diagnostica, 46,* 29–37.

Meyer, T. D., Drüke, B., Hautzinger, M. (2000). Hypomane Persönlichkeit – Psychometrische Evaluation und erste Ergebnisse zur Validität der deutschen Version der Chapman-Skala. *Zeitschrift für Klinische Psychologie und Psychotherapie, 29,* 35–42.

Meyer, T. D., Hautzinger, M. (1999). *Ein struktuierter Interviewleitfaden für den Einsatz der Young Mania Rating Scale nach G. Sachs.* Universität Tübingen, Psychologisches Institut. Unveröffentlichter Test.

Meyer, T. D., Hautzinger, M. (2000). Bipolare affektive Störungen. In M. Hautzinger (Hrsg.). *Kognitive Verhaltenstherapie bei psychischen Störungen* (3. Aufl.). Weinheim: Psychologie Verlags Union.

Meyer, T. D., Hautzinger, M. (2001). Allgemeine Depressions-Skala (ADS)-Normierung an Minderjährigen und Erweiterung zur Erfassung manischer Symptome (ADMS). *Diagnostica, 4,* 208–215.

Miller, I. W., Bishop, S., Norman, W. H., Maddever, H. (1985). The modified Hamilton rating scale for depression: Reliability and validity. *Psychiatry Research, 14,* 131–142.

Mitchell, P., Wilhelm, K., Parker, G., Austin, M. P., Rutgers, P., Malhi, G. S. (2001). The clinical features of bipolar depression: A comparison with matched major depressive disorder patients. *Journal of Clinical Psychiatry, 62,* 212–216.

Montgomery, S. A., Asberg, A. (1989). *MADR-Skala zur psychometrischen Beurteilung depressiver Symptome.* Erlangen: perimed.

Müller, M. J., Szegedi, A., Wetzel, H., Benkert, O. (2000). Moderate and severe depression. Gradations for the Montgomery-Asberg Depression Rating Scale. *Journal of Affective Disorders, 60,* 136–140.

Murphy, D. L., Beigel, A., Weingartner, H., Bunney, W. E. (1974). The quantification of manic behavior. In P. Pichot (Ed.). *Modern problems in pharmacopsychiatry* (Vol. 7) (pp. 203–220). Basel: Karger.

Murphy, D. L., Pickar, D., Alterman, I. S. (1982). Methods for the quantiative assessment of depressive and manic behavior. In E. L. Burdock, A. Sudilovsky, S. Gershon (Eds.). *The Behavior of Psychiatric Patients: Quantitative techniques for evaluation* (pp. 355–392). New York: Marcel Dekker.

Neumann, N. U., Schulte, R. M. (Hrsg.) (1988). Montgomery-Asberg Depression Rating Scale. Bestimmung der Validität und Reliabilität der deutschen Fassung. *Psycho, 14,* 911–924.

Oldehinkel, A. J., Wittchen, H. U., Schuster, P. (1999). Prevalence, 20-month incidence and outcome of unipolar depressive disorders in a community sample of adolescents. *Psychological Medicine, 29,* 655–668.

Oquendo, M. A., Waternaux, C., Brodsky, B., Parsons, B., Haas, G. L., Malone, K. M., Mann, J. J. (2000). Suicidal behavior in bipolar mood disorder: clinical characteristics of attempters and nonattempters. *Journal of Affective Disorders, 39,* 107–117.

Palm, W. (1998). Computerunterstützte Erfolgs- und Prozesskontrolle in der ambulanten Psychotherapie. *Psychotherapeut, 43,* 130–137.

Parker, G., Roy, K., Wilhelm, K., Mitchell, P., Hadzi-Pavlovic, D. (2000). The nature of bipolar depression: implications for the definition of melancholia. *Journal of Affective Disorders, 59,* 217–224.

Perris, C. (1973). The genetics of affective disorders. In J. Mendels (Ed.). *Biological psychiatry.* New York: Wiley-Interscience.

Peters, L., Andrews, G. (1995). Procedual validity of the computerized version of the Composte International Diagnostic Interview (CIDI-Auto) in the anxiety disorders. *Psychological Medicine, 25,* 1269–1280.

Peters, L., Clark, D., Carroll, F. (1998). Are computerized interviews equivalent to human interviewers? CIDI-Auto versus CIDI in anxiety and depressive disorders. *Psychological Medicine, 28,* 893–901.

Peterson, C., Seligman, M. E. P. (1984). Causal explanations as a risk factor for depression: Theory and evidence. *Psychological Review, 91,* 347–374.

Pini, S., Cassano, G. B., Simonini, E., Savino, M., Russo, A., Montgomery, S. A. (1997). Prevalence of anxiety disorders comorbidity in bipolar depression, unipolar depression and dysthymia. *Journal of Affective Disorders, 42,* 145–153.

Plutchik, R., Platman, S. R., Tilles, R., Fieve, R. R. (1970). Construction and evaluation of a test measuring mania and depression. *Journal of Clinical Psychology, 26,* 499–503.

Post, R. M., Weiss, S. R. B., Leverich, G. S., George, M. S., Frye, M., Ketter, M. A. (1996). Developmental psychopathology of cyclic affective illness: Implications for early therapeutic intervention. *Development and Psychopathology, 8,* 273–305.

Radloff, L. S. (1977). The CES-D scale. A self-report depression scale for reserach in the general population. *Applied Psychological Measurement, 1,* 385–401.

Räder, K. K., Krampen G., Sultan, A. S. (1990). Kontrollüberzeugungen Depressiver im transkulturellen Vergleich. *Fortschritte der Neurologie und Psychiatrie, 58,* 207–214.

Raskin, A., Schulterbrandt, J. G., Reatig, N., McKeon, J. J. (1970). Differential response to chlorpromazine, impramine, and placebo: A study of subgroups of hospitalized depressed patients. *Archives of General Psychiatry, 23,* 164–173.

Reilly-Harrington, N. A., Alloy, L. B., Fresco, M. A., Whitehouse, W. G. (1999). Cognitive styles and life events interact to predict bipolar and unipolar symptomatology. *Journal of Abnormal Psychology, 108,* 567–578.

Richter, P. (1991). *Zur Konstruktvalidität des Beck Depressionsinventars bei der Erfassung depressiver Verläufe.* Regensburg: S. Roderer.

Richter, P., Sass, H., Sauer, H. (1990). On the validity of the German version of the Comprehensive Psychopathological Rating Scale. *European Archives of Psychiatry and Clinical Neuroscience, 240,* 48–53.

Rohde, P., Lewinsohn, P. M., Seeley, J. R. (1991). Comorbidity of unipolar depression in adolescents and adults. *Journal of Abnormal Psychology, 100,* 214–222.

Rosenman, S. J., Korten, A. K. E., Levings, C. T. (1997). Computerized diagnosis in acute psychiatry: validity of CIDI-Auto against routine clinical diagmosis. *Journal of Psychiatric Research, 31,* 581–592.

Rossi, A., Daneluzzo, E., Arduini, L., Di Domenico, M., Pollice, R., Petruzzi, C. (2001). A factor analysis of signs and symptoms of the manic episode with Bech-Rafaelsen Mania and Melancholia scales. *Journal of Affective Disorders, 64,* 267–270.

Rossmann, P. (1993). *Depressionstest für Kinder (DTK).* Bern: Huber.

Rush, A. J., Giles, D. E., Schlesser, M. A., Fulton, C. L., Weissenburg, J., Burns, C. (1986). The inventory for depressive symptomatology (IDS). *Psychiatry Research, 18,* 65–87.

Rush, A. J., Guillon, C. M., Basco, M. R., Triedi, H., Jarrett, R. B. (1996). The inventory of depressive symptomatology (IDS): Psychometric properties. *Psychological Medicine, 26,* 477–486.

Sachs, G. (1993). *Young Mania Rating Scale.* Directions, Instructions and a structured interview for the use of the YMRS. Harvard Bipolar Treatment Center, Mass. General Hospital, Boston, MA. Unpublished Manual.

Sartorius, N. et al. (1996). Depression comorbid with anxiety. Results from the WHO study on psychological disorders in primary health care. *British Journal of Psychiatry, 168 (Suppl. 30),* 38–43.

Saß, H., Wittchen, H.-V, Zandig, M. (1996). *Diagnostisches und Statistisches Manual psychischer Störungen* (4. Revision) (DSM IV – deutsche Ausgabe). Hogrefe Verlag, Göttingen.

Schmidtke, A., Fleckenstein, P., Moises, W., Beckmann, H (1988). Untersuchungen zur Reliabilität und Validität einer deutschen Version der MADRS. *Schweizer Archiv für Neurologie und Psychiatrie, 139,* 51–65.

Scott, J., Stanton, B., Garland, A., Ferrier, I. N. (2000). Cognitive vulnerability in patients with bipolar disorder. *Psychological Medicine, 30,* 467–472.

Shugar, G., Scherzer, S., Toner, B. B., Di Gasbarro, I. (1992). Development, use, and factor analysis of a self-report inventory for mania. *Comprehensive Psychiatry, 33,* 325–331.

Smolka, M., Stieglitz, R. D. (1999). On the validity of the Bech-Rafaelsen-Melancholia Scale. *Journal of Affective Disorder, 54,* 119–128.

Spitzer, R. L., Williams, J. B. W., Kroenke, K., Linzer, M., Hahn, S. R., deGruy, F. V., Brody, D. (1994). Utility of a new procedure for diagnosing mental disorders in primary care. The PRIME-MD 1000 study. *Journal of the American Medical Association, 272,* 1749–1756.

Steck, P. (1998). *Differentieller Depressionsfragebogen (DDF).* Frankfurt: Swets.

Steer, R. A., Kumar, G., Beck, A. T. (1993). Self-reported suicidal ideation in adolescent psychiatric inpatients. *Journal of Consulting and Clinical Psychology, 61,* 1096–1099.

Stieglitz, R. D., Smolka, M., Bech, P., Helmchen, H. (1998). *Bech-Rafaelsen-Melancholie-Skala (BRMS).* Göttingen: Hogrefe.

Stieglitz, R. D., Ahrens, B., Freyberger, H. J. (2001). Fremdbeurteilungsverfahren (S. 95–106). In: R. D. Stieglitz, U. Baumann, H. J. Freyberger (Hrsg.) *Psychodiagnostik in Klinischer Psychologie, Psychiatrie und Psychotherapie.* Stuttgart: Thieme.

Stiensmeier, J., Kammer, D., Pelster, A., Niketta, R. (1985). Attributionsstil und Bewertung als Risikofaktoren der Depressiven Reaktion. *Diagnostica, 31,* 300–311.

Stiensmeier-Pelster, J., Schürmann, M., Duda, K. (1989). *Depressionsinventar für Kinder und Jugendliche (DIKJ).* Göttingen: Hogrefe.

Stiensmeier-Pelster, J., Schürmann, M., Eckert, C., Pelster, A. (1994). *Attributionsstil-Fragebogen für Kinder und Jugendliche (ASF-KJ).* Göttingen: Hogrefe.

Strosahl, K., Chiles, J. A., Linehan, M. (1992). Prediction of suicide intent in hospitalized parasuicides: reasons for living, hopelessness, and depression. *Comprehensive Psychiatry, 33,* 366–373.

Voijta, C., Kinosian, B., Glick, H., Altshuler, L., Bauer, M. S. (2001). Self-reported quality of life across mood states in bipolar disorder. *Comprehensive Psychiatry, 42,* 190–195.

Weissman, M. M., Leaf, P. J., Tischler, G. L., Blazer, D. G., Karno, M., Bruce, M., Florio, L. P. (1988). Affective disorders in five US-communities. *Psychological Medicine, 18,* 141–153.

Weissman, M. M., Bland, R. C., Canino, G. J., Greenwald, S., Hwu, H. G., Joyce, P. R., Karam, E. G., Lee, C. K., Lellouch, J., Lepine, J. P., Newman, S. C., Rubio-Stipec, M., Wells, J. E., Wickramaraine, P. J., Wittchen, H. U., Yeh, E. K. (1999). Prevalence of suicide ideation and suicide attemps in nine countries. *Psychological Medicine, 29,* 9–17.

Weltgesundheitsorganisation (1991). *Internationale Klassifikation psychischer Störungen. ICD-10 Kapitel V.* Bern: Huber.

Wilcos, H., Field, T., Prodromidis, M., Scafidi F. (1998). Correlations between the BDI and CES-D in a sample of adolescent mothers. *Adolescence, 33,* 565–574.

Williams, J. B. W. (1988). A structured interview guide for the Hamilton Depression Rating Scale. *Archives of General Psychiatry, 45,* 742–747.

Wittchen, H. U., Pfister, H. (1997). *Instruktionsmanual zur Durchführung von DIA-X-Interviews.* Frankfurt: Swets Test Services.

Wittchen, H. U., Zaudig, M., Fydrich, T. (1997). *SKID. Strukturiertes Klinisches Interview für DSM-IV. Achse I und II.* Göttingen: Hogrefe.

Wittchen, H. U., Zaudig, M., Sprengler, P., Mombour, W., Hiller, W., Esau, C. A., Rummler, R., Spitzer, R. L., Williams, J. (1991). Wie zuverlässig ist operationalisierte Diagnostik? – Die Test-Retest-Reliabilität des Strukturierten Klinischen Interviews für DSM-III-R. *Zeitschrift für Klinische Psychologie, 20,* 136–155.

Wittchen, H. U., Winter, S., Höfler, M., Spiegel, B., Ormel, H., Müller, N., Pfister, H. (2000). Häufigkeit und Erkennensrate von Depressionen in der hausärztlichen Praxis. *Fortschritte der Medizin, 118 (Sonderheft 1),* 22–31.

Wittchen, H. U., Winter, S., Pfister, H. (2001). Prävalenz and Korrelate generalisierter Angststörungen in der Allgemeinarztpraxis. *Fortschritte der Medizin, 119 (Sonderheft 1),* 17–25.

Wittchen, H. U., Freyberger, H. J., Stieglitz, R. D. (2001). Interviews (S. 107–117). In : R. D. Stieglitz, U. Baumann, H. J. Freyberger (Hrsg.) *Psychodiagnostik in Klinischer Psychologie, Psychiatrie und Psychotherapie.* Stuttgart : Thieme.

Yesavage, J., Brink, T., Rose, T. et al. (1983). Development and validation of a geriatric depression screening scale: A preliminary report. *Journal of Psychiatric Research, 17,* 37–49.

Young, R. C., Biggs, J. T., Ziegler, V. E., Meyer, D. A. (1978). A rating scale for mania: Reliability, validity and sensitivity. *British Journal of Psychiatry, 133,* 429–435.

Young, R. C., Nysewander, R. W., Schreiber, M. T. (1982). Mania ratings at discharge from hospital: A follow-up. *Journal of Nervous and Mental Disease, 170,* 638–639.

Young, R. C., Nysewander, R. W., Schreiber, M. T. (1983). Mania scale scores, signs, and symptoms in forty inpatients. *Journal of Clinical Psychiarty, 44,* 98–100.

Zealley, A. K., Aitken, R. C. B. (1969). Measurement of mood. *Proceedings of the Royal Society of Medicine, 62,* 993–996.

Zerssen, D. v. (1976a). *Die Befindlichkeitsskala (Bf-S).* Göttingen: Beltz Test.

Zerssen, D. v. (1976b). *Die Depressionsskala (D-S).* Göttingen: Beltz Test.

Zerssen, D. v. (1976c). *Die Beschwerdenliste (B-L).* Göttingen: Beltz Test.

Zimmerman, M., Coryell, W. (1987). The inventory to diagnose depression (IDD): A self-report scale to diagnose major depressive disorder. *Journal of Consulting and Clinical Psychology, 55,* 55–59.

Zung, W. W. K. (1965). A self-rating depression scale (SDS). *Archives of General Psychiatry, 12,* 63–70.

Herausgegeben von Franz Petermann und Heinz Holling

Kompendien
Psychologische Diagnostik

Die Reihe: Die Psychologische Diagnostik bietet ein immer größeres Spektrum an Erhebungsverfahren, das von systematischen Ansätzen zur Befragung und Beobachtung bis zum Einsatz psychometrischer Tests und physiologischer Registriermethoden reicht. Die gezielte Auswahl geeigneter Verfahren und die Kombination verschiedener Ansätze zu einer ökonomischen Diagnosestrategie wird daher immer schwieriger. Die Bände der Reihe geben Übersichten zu zentralen Gebieten der Psychologischen Diagnostik. Ziel ist es, die diagnostische Kompetenz im Alltag zu erhöhen.

Franz Petermann
Ulrike Petermann

Aggressionsdiagnostik

Band 1: 2000, 119 Seiten,
€ 19,95 / sFr. 35,90
ISBN: 3-8017-1421-7

Martin Hautzinger
Thomas D. Meyer

Diagnostik Affektiver Störungen

Band 3: 2002, 119 Seiten,
€ 19,95 / sFr. 33,90
ISBN: 3-8017-1457-8

Dietmar Heubrock
Franz Petermann

Aufmerksamkeitsdiagnostik

Band 2: 2001, 105 Seiten,
€ 19,95 / sFr. 35,90
ISBN: 3-8017-1431-4

Band 4
Luise Greuel
Claudia Kestermann
Michael A. Stadler

Forensisch-psychologische Diagnostik

ISBN: 3-8017-1460-8

In Vorbereitung:

Band 5
Heinz Holling
Franzis Preckel
Miriam Vock

Intelligenzdiagnostik

ISBN 3-8017-1626-0

Band 6
Uwe P. Kanning

Diagnostik Sozialer Kompetenzen

ISBN 3-8017-1641-4

Erweitern Sie Ihr Praxiswissen und bestellen Sie jetzt die Bände der Reihe zur Fortsetzung!

Hogrefe

Hogrefe-Verlag
Rohnsweg 25 • 37085 Göttingen
Internet: www.hogrefe.de

Christine Kühner
Iris Weber
Depressionen vorbeugen

Ein Gruppenprogramm nach R.F. Muñoz

(Reihe: Therapeutische Praxis)
2001, 204 Seiten, Großformat,
€ 36,95 / sFr. 60,–
ISBN 3-8017-1422-5

Das Manual beschreibt das Vorgehen bei einer psychoedukativ ausgerichteten kognitiv-verhaltenstherapeutischen Gruppenintervention bei Personen mit subklinischen depressiven Beschwerden. Arbeits- und Übungsblätter zu den einzelnen Sitzungen machen das Manual zu einer wertvollen Hilfe bei der Behandlung von Personen mit subklinischen depressiven Beschwerden.

Martin Hautzinger
Depression

(Reihe: Fortschritte der Psychotherapie, Band 4),
1998, VIII/86 Seiten,
€ 19,95 / sFr. 35,90
(Im Reihenabonnement
€ 15,95 / sFr. 26,80)
ISBN 3-8017-1002-5

Das Praxismanual informiert über den aktuellen Kenntnisstand der Diagnostik, des Erklärungswissens und der psychotherapeutischen Behandlung depressiver Störungen. Erörtert werden u.a. günstiges und ungünstiges Therapeutenverhalten, der Umgang mit Krisen, Antidepressiva-Therapie sowie Hilfen für die Eigen-Supervision.

Paul Gilbert
Depressionen verstehen und bewältigen

1999, 310 Seiten,
€ 26,95 / sFr. 44,80
ISBN 3-8017-1074-2

Dieses Buch wendet sich an Personen, die mehr über Depressionen und ihre Ursachen sowie Möglichkeiten der Selbsthilfe wissen möchten. Es beschreibt mit Hilfe von Fallbeispielen und praxisorientierten Hinweisen, wie man Kontrolle über Depressionen oder Stimmungstiefs gewinnen kann.

Martin Hautzinger
Patientenbroschüre Depression

Informationen für Betroffene und deren Angehörige

1999, 31 Seiten,
Packung à 10 Exemplare
€ 26,95 / sFr. 44,80
ISBN 3-8017-1281-8

Die Broschüre hilft, Depressionen und ihre Ursachen zu verstehen. Weiterhin bietet die Broschüre Informationen zu den Auswirkungen einer depressiven Störung auf alle Lebensbereiche.

Hogrefe

Hogrefe-Verlag
GmbH & Co. KG
Rohnsweg 25 • 37085 Göttingen
Tel.: 05 51 - 4 96 09-0, Fax: -88
E-Mail: verlag@hogrefe.de
Internet: www.hogrefe.de